党的创新理论体系化学理化
研究文库

根与魂

中国式现代化与文化主体性

韩庆祥 著

中国人民大学出版社
·北京·

总　　序

思想是行动的先导，理论是实践的指南。人类文明进程表明，一个民族要走在时代前列，就一刻不能没有理论思维，一刻不能没有思想指引。2023年6月，习近平总书记在中共中央政治局就开辟马克思主义中国化时代化新境界进行第六次集体学习时强调：“推进理论的体系化、学理化，是理论创新的内在要求和重要途径。马克思主义之所以影响深远，在于其以深刻的学理揭示人类社会发展的真理性、以完备的体系论证其理论的科学性。”中国共产党是以马克思主义科学理论为指导的无产阶级政党，拥有马克思主义科学理论指导是我们党坚定信仰信念、把握历史主动的根本所在，也是我们党从弱小走向强大、从苦难走向辉煌、从胜利走向胜利的奥妙之所在。在强国建设、民族复兴的新时代，哲学社会科学繁荣发展的一项重要任务是不断推进党的创新理论体系化学理化研究。

一、推进理论的体系化学理化是马克思主义与时俱进的必然要求和重要途径

任何一种理论的形成和发展都不是一蹴而就的，而是经历了多个阶段。一般来说，理论的形成发展要经历理论问题的发现、理论假设的提出、理论框架的建构、理论观点的阐释、理论的应用与反馈、理论的修正与拓展等多个阶段。人类思想史上流变至今并仍然具有学术价值、理论价值和实践价值的思想大都经历了这样的发展阶段。在西方，苏格拉底、柏拉图、亚里士多德等人的政治哲学思想，康德、黑格尔、费尔巴哈等人的哲学思想，圣西门、傅立叶、欧文等人的空想社会主义思想，亚当·斯密、大卫·李嘉图等人的古典政治经济学思想，都经历了这样的发展阶段。在中国漫漫历史长河中产生的儒、墨、道、法等各家学说，也经历了这样的发展阶段。以上的任何一种理论、学说，都有一个体系化学理化的研究阐释过程。

作为在人类思想史上产生了极为广泛而深刻影响的马克思主义，也经历了从发现问题、提出理论假说、构建理论框架，到进行体系化学理化阐释，经过实践检验不断修正和完善，随着时代发展不断与时俱进的过程。马克思主义唯物史观、剩余价值学说都经历了从形成、发展到逐步完善的过程。科学社会主义诞生的标志之作《共产党宣言》第一次全面阐述了科学社会主义基本原理，即使是这部“全部社会主义文献中传播最广和最具有国际性的著作”，在其出版后的几十年时间内，马克思、恩格斯还是为其撰写了多篇序言，并对其中的一些原理进行进一步的阐发，马克思、恩格斯之后的马克思主义者也对这部文献的基本原理进行了深入的体系化学理化研究。习近平总书记指出：“马克思主义之所以影响深远，在于其以深

刻的学理揭示人类社会发展的真理性、以完备的体系论证其理论的科学性。马克思曾说他的著作是一个艺术的整体，列宁也说过马克思主义哲学是一块整钢。恩格斯撰写《社会主义从空想到科学的发展》等论著，系统阐发马克思主义基本原理，科学论证了马克思主义三个组成部分之间的内在统一性，以深刻的学理捍卫并发展了马克思主义的科学性，以完备的体系避免和修正了对马克思主义的片段化、庸俗化。”

中国是以马克思主义作为根本指导思想的社会主义国家，马克思主义是指导我们改造客观世界和主观世界的锐利思想武器。“中国共产党为什么能，中国特色社会主义为什么好，归根到底是马克思主义行，是中国化时代化的马克思主义行。”中国化时代化的马克思主义之所以行，就在于我们党不断推进马克思主义基本原理同中国具体实际相结合、同中华优秀传统文化相结合，不断深化对马克思主义体系化学理化的研究，在守正创新中不断开辟马克思主义在中国发展的新境界，并用中国化时代化的马克思主义指导实践。作为中国化时代化马克思主义的毛泽东思想、邓小平理论、“三个代表”重要思想、科学发展观、习近平新时代中国特色社会主义思想，是我们党带领人民在实践创新基础上，系统并持续推进马克思主义理论创新的成果。这些理论成果萌发、形成、发展并被写进《中国共产党章程》和《中华人民共和国宪法》，从而成为全党全国人民团结奋斗的共同思想基础，离不开以毛泽东、邓小平、江泽民、胡锦涛、习近平同志为主要代表的中国共产党人的理论创新和理论阐发，也离不开广大哲学社会科学工作者对于党的创新理论的体系化学理化研究。

人类思想史和马克思主义发展史清楚地表明，推进理论的体系化学理化，是理论创新的必然要求和重要途径。

二、加强党的创新理论体系化学理化研究是当前推进马克思主义中国化时代化的重要任务

在中国特色社会主义新时代，加强党的创新理论体系化学理化研究，具有重大的理论、实践和时代意义。

从理论自身发展的内在需要来看，加强党的创新理论体系化学理化研究有助于更深入、全面地理解党的创新理论的科学内涵、主要内容、核心要义、精神实质和内在逻辑。将党的创新理论进行体系化梳理，能够清晰呈现各个观点、论断之间的逻辑关联，避免片面、孤立地理解。通过对党的创新理论的学理化研究，能够揭示出理论背后的学理基础、原理性成果，使人们从学理层面把握理论的科学性和真理性。通过对党的创新理论的体系化学理化研究，能够发现理论发展的生长点和空白点，为进一步理论创新提供基础和方向，推动党的理论不断与时俱进，保持旺盛的生命力。加强党的创新理论体系化学理化研究，以完备的体系论证其理论的科学性，以深刻的学理揭示人类社会发展的真理性，还能够让党的创新理论更具说服力和感染力，增强人们对党的创新理论的政治认同、思想认同、理论认同、情感认同。

从理论指导实践的要求来看，加强党的创新理论体系化学理化研究，有助于提高实践的科学性和有效性。时代是思想之母，实践是理论之源。党的创新理论既来源于实践，又指导实践，同时接受实践的检验。科学的理论能够更系统、更精准地为实践提供指导，帮助人们更好地把握实践的方向、目标和方法，提高实践活动的科学性、针对性和实效性。例如，加强对党的理论创新成果——习近平新时代中国特色社会主义思想的体系化学理化研究，能够为推进中国式现代化、实现中华民族伟大复兴等实践提供全面系统的理论指引。加强党的创新理论体系化学理化研究，还能够更好地聚焦全面推进强国建设、民族复兴伟业中遇到的新情况新问题以及进一步全面深化改革存在的深层次问题等，为解决这些问题提供理论支撑和思路方法，在对实际问题的解答中体现马克思主义的理论思考，实现理论和实践的有机联系，用创新理论指导实践，用实践创新推动理论创新，从而发展当代中国马克思主义、21世纪马克思主义。

从思想引领与理论传播的要求来看，加强党的创新理论体系化学理化研究，能够凝聚思想共识，提升传播效果。理论创新每前进一步，理论武装就要跟进一步。始终坚持用党的创新理论武装全党、教育人民、指导实践，是实现马克思主义大众化的内在要求，也是我们党百余年奋斗积累的宝贵经验。通过体系化学理化研究，将党的创新理论以更加准确、更加权威、更加清晰易懂的方式呈现给广大党员和群众，有助于人们学习、理解、掌握和接受，从而更好地凝聚全党全国各族人民的思想共识，形成共同的理想信念和价值追求，建好共同的精神家园，汇聚起团结奋斗的强大力量。通过体系化学理化研究，有助于把党的创新理论的政治话语转化为学术话语、大众话语，用通俗易懂、生动形象的方式进行传播，使理论“飞入寻常百姓家”，增强理论宣传普及的吸引力、感染力和影响力，让党的创新理论更加深入人心，从而转化为强大的精神力量。

从增强党的创新理论的国际影响力来看，加强党的创新理论体系化学理化研究，有利于提升国际话语权，提升国家软实力。加强党的创新理论体系化学理化研究，充分挖掘党的创新理论中蕴含的科学世界观和方法论，从党的创新理论中概括提炼出反映人类社会发展共性、普遍性的一般原理，有利于建构中国化时代化马克思主义的自主知识体系，在国际舞台上更好地讲好中国故事、传播好中国声音、阐述好中国理论，提高中国学术思想的国际地位，提升中国在国际思想文化领域的话语权和影响力，展现中国共产党为人类文明发展贡献的中国智慧和中国方案。

总之，强国建设、民族复兴的新征程，需要科学理论的指导，加强党的创新理论体系化学理化研究，为党和国家事业发展提供坚实的理论支撑，是当代中国马克思主义发展的必然要求，是广大哲学社会科学工作者要承担的重大责任和光荣使命。

三、加强党的创新理论体系化学理化研究，全面推进强国建设、民族复兴伟业

中国共产党的历史是一部不懈奋斗史，也是一部理论创新史。党在不断推进马克思主义中国化时代化的百余年进程中，持续推进实践创新基础上的理论创新，取得了十分丰硕的理论成果。这些理论成果的内容博大精深，需要进行多学科综合研究。因此，加强党的创新理论体系化学理化研究，需要从多个方面入手：

——坚持以马克思主义为指导。马克思主义是我们党的指导思想，是推进理论创新的“魂脉”。党的创新理论是中国共产党人把马克思主义基本原理同中国具体实际相结合、同中华优秀传统文化相结合的成果，只有坚持以马克思主义世界观和方法论为指导，才能确保体系化学理化研究不偏离正确方向。加强对广大哲学社会科学工作者的思想政治教育，确保他们在研究过程中始终坚持正确的政治方向和学术导向，能够准确把握党的创新理论的精神实质和丰富内涵。

——坚持人民至上。人民是历史的创造者，是推动社会发展的根本力量。中国共产党的理论创新始终围绕着人民的利益和需求展

开，把为人民谋幸福、为民族谋复兴作为理论创新的出发点和落脚点。只有站在人民立场对党的创新理论进行体系化学理化研究，才能体现党的创新理论的人民性。

——坚持问题导向。党的创新理论是以解决实际问题为出发点和落脚点的，是在敏锐地发现问题、深入地研究问题、切实地解决问题，在破解难题中形成发展的。只有坚持问题导向，直面理论创新面临的各种复杂问题和理论研究阐释中遇到的难点疑点问题，才能把党的创新理论讲深讲透讲彻底。

——坚持系统观念。要以党的创新理论为核心，围绕其产生的历史背景、理论渊源、发展脉络、内在逻辑等方面，构建全面系统的研究框架，避免碎片化研究。特别需要研究中国化时代化马克思主义各个理论成果之间的继承与发展关系，展现党的理论创新的连续性和系统性。

——强化学理研究。要坚持运用马克思主义的立场、观点和方法，深入挖掘党的创新理论中的学科基础、学理逻辑和学术内涵，对党的创新理论进行深入探讨和解读，讲清楚其中蕴含的学理、哲理、道理。要以严谨的学术规范和方法，注重运用学术化、专业化的语言，将党的创新理论转化为具有学术影响力的话语表达，推动党的创新理论进入学术研究的主流话语体系。

——做到“两个结合”。党的创新理论是马克思主义基本原理同中国具体实际相结合、同中华优秀传统文化相结合的结晶，是植根于中国土壤、切合中国实际的科学理论，只有紧密结合中国的历史、文化、社会和经济等实际情况，才能把握党的创新理论的思想精髓。

——总结实践经验。党的创新理论是党和人民实践经验的结晶，只有立足中华民族伟大历史实践和当代实践，通过实地调研、案例分析等实证研究方法，深入了解党的创新理论在经济社会发展各领域的具体实践和应用效果，用中国道理总结好中国经验，把中国经验提升为中国理论，才能准确把握党的创新理论的科学性。

——整合研究资源。要通过体制机制创新，加强高校、科研机构、党校等各类研究力量的协同合作，打破部门和学科壁垒，组建跨学科、跨领域的研究团队，形成研究合力，共同开展重大课题研究，促进不同学科视角和研究方法的融合，从多个维度对党的创新理论进行系统研究。

——加强人才建设。在高校和科研机构设立相关专业和研究方向，加强对马克思主义理论、党史党建等学科的建设，培养一批具有扎实理论基础和创新能力的专业研究人才。通过开设专题课程、举办学术讲座、开展科研项目等方式，为青年学者提供学习和研究的平台，鼓励他们投身于党的创新理论研究事业。通过组织培训、学术交流、实践锻炼等方式，不断提高现有研究队伍的政治素质、理论水平和研究能力。

——坚持胸怀天下。在人类学术思想的流变过程中，西方学术思想的发展已经创造、积累了一系列对理论和思想进行体系化学理化研究的科学方法，我们可以将这些方法吸收借鉴过来并加以运用和改造，形成我们自身的对党的创新理论进行体系化学理化研究的科学方法，提高体系化学理化研究的质量。

——拓展传播渠道。要适应数字文明时代带来的新机遇，充分利用传统媒体和新兴媒体，提高理论的传播力和覆盖面，广泛传播党的创新理论研究成果，扩大理论影响力。要积极开展与国际学术界的交流与合作，向世界传播中国共产党的创新理论和中国特色社会主义的成功经验。通过举办国际学术会议、开展国际合作研究项目等方式，加强与国外学者的交流互动，创造条件吸引国外学者参与党的创新理论的体系化学理化研究，增进国际社会对中国共产党创新理论的了解和认同，提升中国在国际学术领域的话语权和影响力。

实践发展永无止境，理论创新未有穷期。作为中国共产党亲手创办的第一所新型正规大学，中国人民大学始终高擎马克思主义真理火炬，在党的创新理论研究阐释与体系化学理化建设方面勇立潮头。八十八载弦歌不辍，中国人民大学坚持用党的创新理论培根铸魂，筑起了马克思主义理论研究的学术重镇，打造了党的创新理论研究阐释的学术高地，产出了一批具有理论穿透力和实践解释力的标志性成果，培育了数代矢志马克思主义理论研究的卓越人才。在习近平总书记考察中国人民大学发表重要讲话三周年之际，中国人民大学出版社推出的“党的创新理论体系化学理化研究文库”，正是这一学术传统的最新见证。需要特别说明的是，为忠实记录马克思主义中国化时代化的发展轨迹，其中部分著作在再版时未作内容修订。这种“存其原貌”的编纂理念，使读者既能触摸思想演进的时代脉搏，又能透过历史语境理解理论突破的必然逻辑。这种编排方式既彰显马克思主义理论体系开放包容的品格，也构建起从经典原著到当代成果的研究谱系，让理论创新的“过去时”与“进行时”在学术长河中交相辉映，使思想探索的“源”与“流”在历史纵深中清晰可辨。

我们将立足新时代新征程，在习近平新时代中国特色社会主义思想的指引下，继续高举马克思主义的旗帜，传承红色基因，弘扬优良传统，奋力打造党的创新理论铸魂育人、研究阐释、传播普及高地，让当代中国马克思主义、21 世纪马克思主义放射出更加灿烂的真理光芒，为以中国式现代化全面推进强国建设、民族复兴伟业作出新的更大贡献。

前　言

中国式现代化、中国自主的知识体系、21世纪马克思主义、中华民族的文化主体性，是新时代我国思想文化建设和意识形态建设中最为基本也最为根本的核心范畴和重大命题，且它们之间具有内在的本质联系。

在涉及中国发展命运的新时代思想文化建设、意识形态建设问题上，存在着三种倾向：在“古”的问题上，要么认为中华传统文化可以解决当今中国的一切问题，要么对中华传统文化采取文化虚无主义的态度；在“今”的问题上，要么厚古薄今，要么厚今薄古；在“中西”问题上，要么妄自菲薄，全盘西化，要么狂妄自大，全盘否定西方。

这些倾向涉及“古今中西之争”，其实质是意识形态之争、文化主体性之争。

从新时代思想文化建设和意识形态建设角度讲，中国式现代化的理论体系与“西方中心论”的理论体系是两种根本不同的意识形态和理论谱系，二者的较量是意识形态上的根本较量，从根本上也是“主体性”的较量。在一定意义上，一切之争都是“主体性”之争，都是围绕“主体性”而展开的。当前，“古今中西之争”或意识形态之争，总体且根本上可归结为这两种理论体系之争，都可以在这两种理论体系之争中加以定义和解释。研究这两种理论体系，构成新时代思想文化建设和意识形态建设中的具有总体性、标识性的前沿问题。把这两种理论体系及其实质搞清楚了，其他关于思想文化、意识形态领域的重大理论和实践问题，也就容易搞清楚了。

中国式现代化内生中国式现代化的文化形态。中国式现代化，既是建构中国式现代化理论体系的基点，也是建构中国自主的知识体系的立足点，还是发展21世纪马克思主义的基石。

古代，世界文明的中心主要在中国。法国的伏尔泰认为，中国是人类文明的重要发源地之一。近代，世界文明的中心历史性地转移到欧洲乃至西方，由此便产生了欧洲中心主义。欧洲中心主义的进一步拓展，就是“西方中心论”。黑格尔对“西方中心论”作了最为精致的哲学论证。“西方中心论”把“线性道路”“单数文明”“种族优越”“为我人性”“社会进化”“理性尺度”“普世价值”“开化使命”“美丽神话”“唯一哲学”作为核心要素和标识性范畴，其中蕴含着野蛮的基因和逻辑，必然走向人类文明的反面。在21世纪，作为帝国文明的西方文明，因其哲学根基是“主客二元对立”，立足点是市民社会，它便强调客随主便、主统治客，强调西方自我利益至上，这就必然导致世界的对立、冲突、分裂、暴力和战争，从而使整个世界陷入困境。在这种意义上，西方文明开创不出人类文明新形态。

“世界怎么了、我们怎么办？”在积极主动应对西方现代化、“西方中心论”冲击的历史进程中，中国共产党人成功开创、拓展和推进了中国式现代化。中国共产党诞生以后，中国对西方现代化和“西方中心论”的冲击作出了具有历史主动性的应对，也提出了“走自己的路”“中国特色社会主义道路”“中国式现代化新道路”“中国式现代化”四大理论论断。中国式现代化论断的提出，意味着中国共产党人初步建构起了中国式现代化的理论体系。

中国式现代化及其理论体系不忘本来、吸收外来、面向未来，创造了人类文明新形态，为人类实现现代化提供了新的选择。因此，21世纪世界文明的中心便会历史性地向东方的中国转移。

中国式现代化理论体系，以“道路多样”“文明互鉴”“民族特质”“为他人性”“国家治理”“人民至上”“共同价值”“人类命运”“世界贡献”“普惠哲学”为核心要素和标识性范畴。它既破解了对西方现代化的迷思，解构了“西方中心论”，也确立了我国在现代化问题上的独立性、自主性和主体性，使我们掌握了现代化理论和实践上的话语权，又为人类实现现代化提供了新的选择，为创造人类文明新形态贡献了中国智慧和中国方案，使过去的现代化在中国转向了中国式现代化在世界，使“世界失我”经由“世界有我”转向了“世界向我”，此外，它还有助于建构中国自主的知识体系，发展21世纪马克思主义。而上述这些，都有助于巩固中华民族的文化主体性。

立足中国式现代化，建构中国自主的知识体系，发展21世纪马克思主义，最终是为了巩固中华民族的文化主体性。这里所讲的“文化主体性”，包括“合”“体”“立”“破”“用”“权”六大要素。合，就是“两个结合”；体，就是魂脉和根脉相结合造就的一个有机统一的“新的文化生命体”；立，就是立足中国大地，建构中国式现代化的文化形态，确立习近平文化思想；破，就是用“新的文化生命体”破除“西方中心论”，破解“古今中西之争”；用，就是明体达用，以“体”达实践之用和理论之用；权，就是党掌握文化领导权、话语权，拥有思想力量和文化力量。

一位具有影响力的人曾说，世界上有两种力量，一是刀枪，二是思想，但归根到底，刀枪总是要被思想战胜的。新时代，我们已经拥有思想的力量，彰显了中华优秀传统文化的时代价值和世界意义。但是，只有思想和文化而没有实践成效，人民群众是感受不到思想力量和文化力量的。习近平总书记强调，“让人民群众在每一个司法案件中都感受到公平正义”。这是精辟的论断，其中的“感受到”是经典之语，它表达的是“存在”和“实在”，是存在感和获得感，是思想理论的实践效果。那些只喊出震撼世界的口号而不付诸实践的人，是难以让人民群众切实感受到其力量的。在这个意义上，“实在就是被感受”。因此，我们要把立足中国式现代化建构中国自主的知识体系、发展21世纪马克思主义，切切实实落实到行动上。

目　录

第一章　走出“东方从属于西方”的现代化框架

长久以来，西方国家倚仗其现代化发展的先在优势，大肆宣扬所谓的“西方文化”“西方文明”，以此打压和磨灭中华民族文化主体性，妄图使东方国家依附、从属于西方国家，从而更好地操纵、支配和统治东方国家。这正是“东方从属于西方”的现代化框架。

习近平总书记指出：“在五千多年中华文明深厚基础上开辟和发展中国特色社会主义，把马克思主义基本原理同中国具体实际、同中华优秀传统文化相结合是必由之路。这是我们在探索中国特色社会主义道路中得出的规律性认识。”①“两个结合”尤其是“第二个结合”的提出，解构并冲破了“东方从属于西方”的现代化框架，有效巩固了中华民族文化主体性。基于此，在阐述从中国式现代化到中华民族文化主体性演进逻

① 习近平：《在文化传承发展座谈会上的讲话》，《求是》2023 年第 17 期。

辑之前，首先应当厘清“两个结合”的内在逻辑，探究“两个结合”如何实现对“西方中心论”和“东方从属于西方”现代化框架的超越，以及考察“第二个结合”如何彰显且巩固中华民族文化主体性的价值。这是立论基础和前提条件，实质上也是研究巩固中华民族文化主体性“何以可能”的问题。

第一节 “两个结合”有其内在逻辑

党的二十大报告指出，“只有把马克思主义基本原理同中国具体实际相结合、同中华优秀传统文化相结合”，“才能正确回答时代和实践提出的重大问题，才能始终保持马克思主义的蓬勃生机和旺盛活力”[①]。可见，“两个结合”是推进马克思主义中国化时代化历史进程的必然途径。“两个结合”由“第一个结合”和“第二个结合”两个环节共同构成，这两个环节之间有着深刻的内在逻辑，它们是各有侧重又不可分割的辩证统一体。

一方面，“两个结合”各有侧重。首先，从内涵上来看，“两个结合”具有不同指向。“第一个结合”指向中国具体实际，表征理论与实际相结合，是将马克思主义基本原理用于指导中国具体实际并形成符合中国具体实际的科学理论。我们需要马克思主义的“本本”，“但是一定要纠正脱离实际情况的本本主义”[②]。中国共产党着眼于中国各个时期的实际问题，创立或形成了毛泽东思想、邓小平理论、“三个代表”重要思想、科学发展观、习近平新时代中国特色社会主义思想，实现了马克思主义

① 习近平：《高举中国特色社会主义伟大旗帜 为全面建设社会主义现代化国家而团结奋斗——在中国共产党第二十次全国代表大会上的报告》，人民出版社 2022 年版，第 17 页。

② 《毛泽东选集》第 1 卷，人民出版社 1991 年版，第 112 页。

中国化的三次伟大飞跃。“第二个结合”则指向中华优秀传统文化，表征理论与文化相融合，是马克思主义基本原理与中华优秀传统文化基因联通互鉴、彼此印证的过程。马克思主义只有根植本国、本民族历史文化沃土，才能真正“化”入中国人民日常生活，不断赋予科学理论鲜明的中国特色，夯实马克思主义中国化时代化的历史基础和群众基础，使马克思主义在中国拥有长久生命力。其次，从着眼点来看，“两个结合”具有不同层面的侧重。“第一个结合”侧重于实践与实践创新，主要着眼于解决中国实际问题。马克思主义无疑是科学真理，但“原理的实际运用，正如《宣言》中所说的，随时随地都要以当时的历史条件为转移”[①]。针对不同时期的中国具体实际，我们党始终坚持“第一个结合”，取得了各个阶段的伟大胜利，推动实现中华民族伟大复兴进入了不可逆转的历史进程。“第二个结合”则相对注重理论与理论创新，主要聚焦于解决同属于精神领域认识成果的马克思主义理论学说和中华民族文化形态的理论创新问题。实践没有止境，理论创新也没有止境。马克思主义理论和中华优秀传统文化之所以能够指导实践、发挥作用，根源于其自身与时俱进的创新力。“第二个结合”的提出就是深入挖掘两大理论的深刻内涵，以理论创新推动实践发展。

另一方面，“两个结合”不可分割。“两个结合”“你中有我、我中有你”，相辅相成、相互成就，是紧密联系的统一体。首先，“两个结合”具有共同的立足点即马克思主义基本原理，都以坚持和发展马克思主义为追求目标。“中国共产党为什么能，中国特色社会主义为什么好，归根到底是马克思主义行，是中国化时代化的马克思主义行。”[②] 马克思主义

① 《马克思恩格斯文集》第 2 卷，人民出版社 2009 年版，第 5 页。

② 习近平：《高举中国特色社会主义伟大旗帜 为全面建设社会主义现代化国家而团结奋斗——在中国共产党第二十次全国代表大会上的报告》，人民出版社 2022 年版，第 16 页。

为什么行，根本上说是马克思主义基本原理行。马克思主义基本原理以实践为基石，找到了社会的基本矛盾和社会发展的根本动力与基本规律，是关于社会历史发展的科学理论。用马克思主义之“矢”放中国之“的”方能使我们站在历史正确的一边，掌握历史主动，坚持和发展马克思主义使之中国化时代化必须坚持“两个结合”。其次,“第一个结合”是“第二个结合”的基础和前提,“第二个结合”内生于“第一个结合”，是“第一个结合”在新时代的延展和必然结论。“第一个结合”是更具有根本性的方面，没有“第一个结合”就没有“第二个结合”，因为新时代的中国具体实际实际上已经充分彰显了中华优秀传统文化的时代价值和世界意义。同时，中华优秀传统文化是中华民族的“根”和“魂”，是中华民族最深沉的文化基因，与马克思主义具有基因“契合性”和价值“一致性”，是马克思主义基本原理在中国“落地生根”的文化基础。因此，我们必须把“两个结合”结合起来，不能离开“第一个结合”过度强调“第二个结合”，而应在坚守“第一个结合”的基础上推进中华优秀传统文化创造性转化和创新性发展，实现理论与实践的相互拱卫。

第二节 “两个结合”力在走出“东方从属于西方”的现代化框架

西方开启了世界现代化潮流和运动，占据现代化进程先在优势，这种先在优势在资本逻辑推动下催化出“西方中心论”的论调，建构了“东方从属于西方”的现代化框架。“两个结合”力在从哲学维度、历史维度、关系维度、空间维度实现对“西方中心论”的破局，走出既定现代化框架，冲破只有遵循西方现代化模式才能实现现代化的迷思。

一、“西方中心论”及其建构逻辑

文艺复兴、宗教改革、启蒙运动和工业革命开启了西方现代化运动和潮流，这个开启极具世界历史意义，也由此架构起“东方从属于西方”的现代化框架。西方不仅运用这一框架解释这个世界，而且力求改变世界。由此便把世界各国都卷入这一现代化的潮流当中，把民族的历史、地域的历史转变为世界历史，现代化成为世界各国共同的命运。从这个意义上应充分肯定，西方现代化较大程度推进了人类进步和人类文明发展。然而，在“东方从属于西方”的现代化历史进程中，在资本主义演化为帝国主义的历史进程中，西方文化逐渐转化为“帝国文明”，经历下面层层递进的几个要素后建构起“西方中心论”的理论体系和话语体系。

线性道路——强调西方现代化道路及其现代性具有强烈的历史意识和时间意识，内蕴历史的连续性、进步性与时间的不可逆性，以及历史发展道路的单线性。正如“资产阶级在它的不到一百年的阶级统治中所创造的生产力，比过去一切世代创造的全部生产力还要多，还要大”①，西方现代化道路所蕴含的理性和解放、自由和民主、工业和市场、市民社会和个人利益等，是现代化历史和文明历史上的重大进步。然而，这种“重大进步”完全遮蔽了后发国家道路和文明的独特性，“西方现代化道路”由此被解释成“世界现代化的唯一道路”，西方“地域文明”被解释成“普遍文明”，强调后发国家必须完全遵循西方设定的“现代化道路”和“文明模式”才能实现现代化。这实质上是推崇线性历史进步观和唯“西”世界史观，构成“西方中心论”的“道路存在”。

单数文明——西方文明是建立在以理性和解放、自由和民主、工业

① 《马克思恩格斯文集》第 2 卷，人民出版社 2009 年版，第 36 页。

和市场、市民社会和个人利益为核心理念的线性历史进步观和唯“西”世界史观基础上的，后者是西方文明的立足点。单线性道路决定西方文明必然主张“单数一元文明”观。换言之，在他们看来，文明的主体只有一个，那就是“西方”。文明属于西方国家，西方以外的国家都是愚昧的、野蛮的。西方解释的文明是最高的、绝对的“唯一”，具有最高的文化主体性和文明解释权。这种“单数一元文明”观其实质是“西方中心论”的“帝国文明”观，具有把文明异化为野蛮的逻辑和基因，构成“西方中心论”的“文明存在”。

种族优越——单数文明伴生而来的是西方民族巨大的种族优越感。他们认为，西方种族作为西方文明主体的承担者是世界上最文明、最先进、最优秀的种族，具有充分的文明宰制权，并由此推行种族层面的“西方中心论”。它把世界划分为西方世界与非西方世界，认为西方世界的种族是“主”，非西方世界的民族是“客”，“主”必须统治“客”。借此，以求确立西方在整个世界体系中的主宰地位。其实质是“西方种族优越观”，构成“西方中心论”的“种族存在”。

为我人性——为把理性和解放、自由和民主、工业和市场等解释为世界文明史上的最大进步，“西方中心论”开始从人性出发为其提供辩护和论证，即强调人的本质是实体个人，而实体个人的本性就是追求个人为我的物质利益与自由、民主等。由此衍生出私有财产神圣不可侵犯这一极具“自我意识”的利益观抑或人性观。个人作为实体性、主体性的为我存在，在追求物质财富和占有私有财产的过程中，能找到自我价值，因而应确立为我的物质利益与个人自由、民主的至高无上性，其“自私基因”不言而喻。这种人性观构成“西方中心论”的“人性存在”。

社会进化——把生物进化论这一动物界的法则引入社会历史领域，

认为社会竞争是社会进化、社会进步的基本法则。在他们看来，整个社会或者整个世界是不可能以和平发展、合作共赢实现现代化的，而只能诉诸矛盾冲突和战争枪炮。由此构成“西方中心论”的“社会存在”。

理性尺度——“西方中心论”所推崇的为我个性、自由民主等“普世价值”均落脚到理性上。在“西方中心论”者那里，“一切都必须在理性的法庭面前为自己的存在作辩护或者放弃存在的权利”[①]。他们认为，理性是统一社会模式和秩序的维护者，强调理性是最高尺度，主张把一切都拿到理性的审判台来加以评判。西方国家则可依据理性制定具有控制世界最高权力的“世界标准”，如现代化标准等，并用这些标准裁量非西方的国家和民族。在标榜理性的基础上，现代化、文明化被等同于西方化，由此构成“西方中心论”的“理性存在”。

“普世价值”——“单数文明”的观念和“种族优越”的观念必然催生出看似文明实际野蛮的价值观念。为证明其文明和种族的优越性，同认为世界上存在“最高文明”和“最优越种族”一样，他们认为世界上也存在放之四海而皆准的价值观念，也就是他们所谓的以“自由、民主、法治、人权”等为核心的“普世价值”。在他们看来，人作为“为我人性”的存在，以追求自身利益为目标，为了保障这种抽象存在，自由、民主、法治、人权等就成为他们保护自身利益的价值工具。这种“普世价值论”构成“西方中心论”的“价值存在”。

开化使命——西方国家和种族标榜自身文明为“最先进文明”，而非西方国家和民族皆处于蒙昧的、野蛮的、未开化的文明状态。西方世界为了将这些非西方国家和民族从非文明状态里解救出来，于是就从上帝那里找到了名为“解救”实为“殖民扩张”的“旨意”，而他们需要

① 《马克思恩格斯文集》第9卷，人民出版社2009年版，第19-20页。

行使“上帝旨意”的“文明开化使命”。在“使命”行使过程中，倘若遇到“野蛮”国家和民族的反抗，他们便理所当然地对其诉诸暴力或战争。可见，“上帝旨意”实质是为其殖民扩张行径进行合法性或正当性的辩护，从而构成“西方中心论”的“合法存在”。

美丽神话——西方的“线性道路”“单数文明”“种族优越”“为我人性”“社会进化”“理性尺度”“普世价值”“开化使命”等，在某种程度上都蕴藏着利己、对立、扩张和冲突的基因，文明也就因此异化为野蛮。西方为遮蔽其野蛮，就制造出诸多“美丽神话”。它们宣称，西方所做的一切都是为了将人类从蒙昧的非文明状态里解放出来，都是在行使“文明开化使命”，从而在意识形态层面为资本主义统治整个世界提供论证，构成“西方中心论”的“意识形态存在”。

唯一哲学——从古希腊的本体论哲学一直到德国古典哲学，都注重用思维法则为现实世界建构“同质性”的秩序，在万事万物中找到那个最高的“一”，用“一”解释“多”。在黑格尔那里，这个“一”就表现为“神秘的绝对精神”。它是最高的目的，具有最高的权威性、最强的统治力，是统治现实世界的绝对的“终极存在”，具有操控一切并使一切发生变化的魔力。这就是“西方中心论”的哲学根基，可称为“唯一哲学”观或理性形而上学世界观，构成“西方中心论”的“哲学存在”。

二、破局：走出“东方从属于西方”的现代化框架

“西方中心论”的建构逻辑只能生成西方资本型文化、单向度文化、殖民扩张式文化，成为人类文明发展的桎梏。“两个结合”力在从哲学维度、历史维度、关系维度、空间维度四重维度解构“西方中心论”的理论体系和话语体系，走出“东方从属于西方”的现代化框架，继而建

构基于中国具体实际、内蕴中华优秀传统文化的中国式现代化理论体系，为人类文明新形态作出贡献。

从哲学维度讲，马克思主义是“两个结合”的理论基点。在马克思看来，社会文化和文明是社会生产方式在意识形态上的映现，资本主义文明作为人类文明发展链条中的一个阶段，其自身存在着不可调和的生产力与生产关系的矛盾，正是这种不可调和的矛盾决定了其标榜“正义”实为“非正义性质”的文明本质，揭示了其必然走向历史的背面，必然被更高级的文明形式所取代。区别于西方的一元主导文明，新时代中华文明始终坚持“多样统一”“主主平等、和合普惠”的多元共赢文明，强调人类文明的多样性、独特性、平等性和普惠性，强调世界各国要遵循现代化发展和人类发展的一般规律，注重世界各国在现代化道路选择和人类文明发展问题上的平等互鉴，属于本源性的人类文明形态。

从历史维度讲，区别于西方工业化进程中无限追逐资本利益的物质主义极度膨胀的单向度文明，新时代中华文明注重物质文明、政治文明、精神文明、社会文明、生态文明相协调，是一种全要素文明形态。它将以实现高质量发展为核心的物质文明、以发展全过程人民民主为核心的政治文明、以丰富人民精神世界为核心的精神文明、以实现全体人民共同富裕为核心的社会文明和以促进人与自然和谐共生为核心的生态文明统合一体、并驾齐驱，推动实现人类文明形态全方位协调发展。

从关系维度讲，区别于资本主义社会资本至上、两极分化的资本文明，在马克思主义人民至上根本立场和“民为邦本”中华民族传统民本思想的结合之下，新时代中华文明是一种真正的社会主义民本文明，是真正实现“物的理性”向“人的理性”复归的文明。新时代中华文明主张全体人民共同富裕，坚持发展为了人民、发展依靠人民、发展成果由人民共享，始终以满足人民美好生活需要为经济发展目标，以经济高质量发展保障民生大计，实现两者的并行不悖、互促互构。

从空间维度讲，“两个结合”蕴含着马克思主义“共同体”思想和中华优秀传统文化“协和万邦、兼济天下、世界大同、亲仁善邻”等和谐理念。区别于“西方中心论”生成的狭隘民族主义、殖民扩张的地域性文明，中国式现代化实践创造出“人类和合文明”。这一文明以世界多样性统一为现实根基，以坚持系统观念、胸怀天下为世界观方法论，以建设利益共同体、价值共同体、安全共同体、合作共同体等为核心内容，强调坚持走和平发展道路，弘扬“和平、发展、公平、正义、民主、自由”的全人类共同价值，秉持构建人类命运共同体理念，以文明共存理念超越了“西方中心论”的“单数文明”、“种族优越”和“普世价值”。

第三节 “第二个结合”致力于巩固中华民族文化主体性

习近平总书记在文化传承发展座谈会上强调：“‘第二个结合’，是我们党对马克思主义中国化时代化历史经验的深刻总结，是对中华文明发展规律的深刻把握，表明我们党对中国道路、理论、制度的认识达到了新高度，表明我们党的历史自信、文化自信达到了新高度，表明我们党在传承中华优秀传统文化中推进文化创新的自觉性达到了新高度。”[①]“第二个结合”遵循层层递进的演化逻辑，发挥着巩固文化主体性和文化领导权的功用效果。

首先是新时代的中国具体实际充分彰显了中华民族传统文化的时代

① 习近平：《在文化传承发展座谈会上的讲话》，《求是》2023年第17期。

价值和世界意义。正如习近平主席援引拿破仑所言:“世上有两种力量:利剑和思想;从长而论,利剑总是败在思想手下。”[①] 文化作为思想的主要表现形式,潜藏着不容忽视的能量。(1)新时代强国建设、民族复兴的成就充分彰显了中华优秀传统文化的独特力量。文化强国建设、文化复兴是新时代强国建设、民族复兴不可或缺的一环。建设文化强国、推动文化复兴必须坚定文化自信,在创造性转化和创新性发展中使中华优秀传统文化焕发新的生机活力,使之契合强国建设和民族复兴的需要。(2)新时代和平发展、合作共赢的倡议充分彰显了中华优秀传统文化的世界意义。和平发展、合作共赢是中国具体实际的国际延展。中华优秀传统文化蕴含极为丰富的“协和万邦、兼济天下、世界大同、亲仁善邻”思想资源,为和平发展、合作共赢提供了坚实的思想支撑和理论论证。(3)新时代在丰富人民精神世界、增强人民精神力量方面的实绩充分体现了中华优秀传统文化的时代价值。中国式现代化进程中始终强调物质文明和精神文明相协调,精神文明建设是现代化建设的重要方面。中华优秀传统文化中蕴含的仁义礼智信、温良恭俭让、修身齐家治国平天下等伦理原则建构出中国人民精神世界的秩序,充分彰显出其在丰富人民精神世界、增强人民精神力量方面的当代价值。

其次是马克思主义“魂脉”和中华优秀传统文化“根脉”相结合造就了一个有机统一的“新的文化生命体”。习近平总书记强调:“马克思主义中国化时代化这个重大命题本身就决定,我们决不能抛弃马克思主义这个魂脉,决不能抛弃中华优秀传统文化这个根脉。”[②]“根脉”和“魂脉”是理论创新必须坚守的阵地,也是深刻理解“两个结合”必须把握

① 习近平:《文明交流互鉴是推动人类文明进步和世界和平发展的重要动力》,《求是》2019年第9期。

② 习近平:《开辟马克思主义中国化时代化新境界》,《求是》2023年第20期。

的脉络。（1）马克思主义是我们立党立国、兴党兴国的根本指导思想。可以说，中国共产党的历史就是一部不断推进马克思主义中国化时代化的历史。马克思主义是我们党历经百年沧桑奋斗得出的颠扑不破的真理，是中国共产党人之“魂”，也是中国式现代化建设之“魂”。（2）“根脉”具有根基、根本的意义，根深才能叶茂。将中华优秀传统文化从中国具体实际中相对独立出来，将其定义为根脉，与马克思主义并提，重估了中华优秀传统文化的价值，克服了过去“重马轻中”“厚今薄古”的倾向，因此也彰显并提升了中华优秀传统文化的时代价值。（3）“新的文化生命体”是一个具有标识性、总体性、根本性、全局性、战略性的新的概念。“新的文化生命体”的“新”就体现为它既具有马克思主义“魂脉”基因又具有中华优秀传统文化“根脉”基因，是马克思主义基本原理同中华优秀传统文化相结合的产物。“新的文化生命体”是一种文化形态，具有与经济形态、政治形态、社会形态、生态形态相区别的边界性。它鼓励不同文化之间的交流和融合，注重对人类文明和文化的反思与借鉴，主张在不同文化体系之间形成一种相互补充、彼此共生的关系，以文化新形态推动构建人类文明新形态，从而为人类文明的发展注入新的活力和动力。“新的文化生命体”具有生命特征，这一生命体在吐故纳新中不断实现文化生命体的自我更新。这里的生命是一个哲学范畴，生命意味着成长，生命意味着充满生机活力，生命意味着重大意义。它能够持续不断推动文化自身的创新发展并以其自身旺盛的生命力和体系的独特性为世界文化的交流牵线搭桥。“新的文化生命体”的“体”是不忘本来、吸收外来、面向未来之“体”，是坚持包容、守正、创新之“体”，也是把中华优秀传统文化、中国具体实际、马克思主义和合理的外来文明因素融为一体的“体”。

再次是明体达用。这里的“体”即指蕴含着中国式现代化的文化形态、新时代中华文明两个方面内容的“文化生命体”。在此基础之上进一步构建起中国式现代化的理论体系和话语体系。同时，这个“体”还得达“用”，这个“用”包含理论之用和实践之用两个方面的内容：一方面，这一“文化生命体”有理论之用。它用其建构起来的中国式现代化的理论体系和话语体系，打开了中国理论和思想文化的创新空间，以此解构“西方中心论”的理论体系和话语体系，进而破解“古今中西之争”和文化虚无主义，确立并掌握思想文化的主体性。另一方面，这一“文化生命体”还有实践之用。没有中华文化繁荣兴盛，就没有中华民族伟大复兴。“文化生命体”以其独特的文化形态和内涵为强国建设、民族复兴奠定了深厚的文化根基，为和平发展、合作共赢提供了丰厚的文化供给，为丰富人民精神世界、增强人民精神力量提供了厚重的文化滋养。

又次是新的文化使命。习近平总书记指出：在新的起点上继续推动文化繁荣、建设文化强国，是我们在新时代新的文化使命。[①] 这一新的文化使命作为一个整体性概念，其内部存在着逐渐递进、逐渐提升的逻辑关系，是新的文化使命从微观到中观再到宏观层面的渐进展开。推进文化繁荣是建设文化强国、发展新时代中华文明的基础性工程，没有文化繁荣就没有文化强国和新时代中华文明。推进文化繁荣的目标是建设文化强国，没有建设文化强国目标导向作用的发挥，文化的繁荣和发展就会迷航和失重。建设文化强国的核心目的是发展新时代中华文明，没有从中华民族文化到新时代中华文明的升华，就无法实现文化繁荣发展和文化强国建设从量变到质变的飞跃。

最后是巩固文化主体性，继而由党掌握文化领导权。“任何文化要立得住、行得远，要有引领力、凝聚力、塑造力、辐射力，就必须有自

① 习近平：《在文化传承发展座谈会上的讲话》，《求是》2023 年第 17 期。

己的主体性。”[①] 新时代中国共产党在道路自信、理论自信、制度自信的基础上增加了文化自信，并将文化自信上升到“四个自信”中“最本质的自信”这一战略高度，充分展现了我们党对马克思主义和中华优秀传统文化坚定的自信。而文化自信就来自我们的文化主体性及由此产生的文化领导权。

创立习近平新时代中国特色社会主义思想是中华民族文化主体性的最有力体现，中国式现代化奇迹背后蕴藏的是文化的力量，是文化主体性的彰显和巩固。在以中国式现代化创造人类文明新形态并推进人类文明形态发展的历史进程中，必须自觉坚持习近平文化思想，持续推进“两个结合”，为全面建设文化强国、全面推进中华民族伟大复兴提供强大精神力量和坚实文化支撑。

① 习近平:《在文化传承发展座谈会上的讲话》,《求是》2023 年第 17 期。

第二章　基于西方现代化的“西方中心论”

“两个结合”是“第一个结合”和“第二个结合”共同构成的辩证统一体，它致力于从哲学维度、历史维度、关系维度、空间维度走出“东方从属于西方”的现代化框架，以巩固中华民族的文化主体性。

第一章初步涉及了“西方中心论”，这一章再做进一步的分析和说明。

“西方中心论”是西方理论的建构根基。近代以来西方的理论大都建构于“西方中心论”的基础之上，也都可以从“西方中心论”的总体框架中加以定义和理解。要巩固中华民族的文化主体性，就必须从根本上揭示作为西方理论根基的“西方中心论”，深入剖析“西方中心论”建构逻辑中的各个环节和要素，以此揭露西方理论的伪善性。

应当肯定，西方文化对推进人类进步和人类文明具有重要历史贡献。正是基于这种贡献，西方国家在西方文化演进过程中，却逐渐将其转化为“帝国文明”，并建构起“西方中心论”的理论体系和话语体系。在这种建构中，蕴含着使“帝国文明”异化为野蛮的基因和逻辑。

“西方中心论”，是伴随近代西方工业化、现代化、全球化与殖民扩张而产生的一种论调，是西方文艺复兴后资本主义凭借其所谓经济、政治、文化优势而向全球扩张的产物。它建立在所谓种族、文化、文明、宗教、环境等优越论基础之上；它以古希腊罗马哲学、基督教“普世价值论”和文艺复兴为思想来源，以工业化、现代化、全球化与殖民扩张为现实支柱，是近代西欧通过文艺复兴、工业革命、宗教改革与殖民主义扩张而形成的思想体系；它产生于18世纪，发展于19世纪；黑格尔、兰克、孔德、韦伯等是“西方中心论”的倡导者，黑格尔哲学为“西方中心论”作了最为精致的哲学论证，使其成为一种完备的哲学理论形态，将历史视为人类自由意识的进步，把普鲁士王国看作真正自由与文化的代表；“西方中心论”的理论基础主要是现代化理论、种族主义、地理环境决定论、文明一元论、线性历史进步观、整体世界史观和形而上学一元论，主要有四种表现形式，即“普世价值论”、文明冲突论、殖民主义、霸权主义及其强权政治，实质是为西方资产阶级主宰世界提供历史合法性的意识形态论证。

总体来讲，西方现代化运动是从文艺复兴和启蒙运动中走出来的，文艺复兴、启蒙运动开启了西方现代化之旅。工业革命和政治民主，是西方开启现代化运动的标志性符号。随着文艺复兴、启蒙运动、地理大发现、宗教改革等重大事件的发生，人文主义和理性主义逐渐侵蚀了宗教信仰的权威地位。在传统农业文明逐渐解体的过程中，一个工业文明的时代缓缓拉开了序幕。西欧发生的一系列事件为工业文明开辟了道路，为现代化酝酿了因素。西欧在世界现代化历史发展趋势上处于领先地位，并且掀起一次又一次的现代化浪潮。在由英国工业革命和法国政治革命掀起的第一次现代化大浪潮中，先发现代化国家凭借工商业的优势，在全球寻求资源和扩大市场，后发现代化国家往往在经济上依附于先发现代化国家，成为原材料产地与成品销售国。它们先借助王权的力量造成了国家的权威，然后用民族国家取代君主国家，率先开始克服专制王权，为现代化扫除障碍，进而借助于工业革命迈向现代化。现代化主要是从传统农业文明向现代工业文明的转型。第二次现代化浪潮在于，第二次工业革命从 19 世纪六七十年代开始，到 19 世纪末 20 世纪初基本完成，此后世界由“蒸汽时代”进入“电气时代”。20 世纪下半叶以来，在第三次工业革命推动下的第三次现代化大浪潮中，西方国家继续领跑现代化进程，有些发达国家已经开始显露出高度现代化的特征。当然，自这一阶段开始，一些发展中国家也开始了奋起直追，尤其是中国最为努力，成效也最显著。第三次工业革命以原子能技术、航天技术、电子计算机技术的发展与应用为代表，还包括人工合成材料、分子生物学和遗传工程学等高新技术的产生。西方发达国家在 20 世纪 50—60 年代先后实现了高度工业化，基本走完了现代化的发展阶段。

回顾西方现代化扩张的历程，历史充分表明，人类的现代化在大部分时间里是西方主导的现代化。西方凭借其在世界实现现代化、世界历史与人类实现现代化进程中的优势地位，大力鼓吹和贩卖“中心－边缘”“传统－现代”等现代化理论，认为西方国家和民族处在世界现代化的中心，而非西方国家和民族依然处在现代化的边缘，乃至还处在传统社会，没有真正迈进现代化社会。非西方国家和民族要迈入现代化社会，就必须全面向西方国家和民族学习、靠拢，甚至完全走西方现代化道路。

“西方中心论”理论体系和话语体系的建构逻辑包括环环相扣、步步递进的十大要素或十大标识性范畴，它们实际上也是“西方中心论”的“思想芯片”。

第一节　线性道路："现代化＝西方化"

这是"西方中心论"建构的逻辑起点。

"西方中心论"强调，西方现代化道路及其现代性具有强烈的历史意识和时间意识，内蕴历史的连续性、进步性与时间的不可逆性，以及历史发展道路的单线性。

西方通过宗教批判以削弱教会的权威获得解放，通过政治批判以削弱贵族和君主的权威获得解放，通过经济批判以确立平民在市民社会中的地位。一些平民从事工商业、拥有土地等私有财产后成为资本家，资本家经营需要"市场""自由"，资本家之间需要平等相处且维护私有财产，由此要求"民主"。基佐描述了"自由"在近代欧洲出现的历史必然性，指出："在近代欧洲，构成社会诸阶层的有各色各样的因素，同时他们又处于不能互相排斥的状态，这就产生了今天盛行的自由。既然谁也不能消灭谁，那就必须让各色各样的原则一起存在——他们应该在他们之间订立某种协定。大家都同意各自去进行可以属于自己的那部分发展。在别处，当某一个原则占优势产生了暴政时，在欧洲，自由已成为文明因素多样性的结果，已成为它们经常所处的斗争状态的结果。"[①] 基佐又进一步简要分析了"自由"产生的内在机理："16世纪间，英国的商业高速发展繁荣，同时土地的财富、地产在大量地转手。随着封建贵族的败落和其他一些不及细说的原因所引起的16世纪英国土地所有权的重新分配是一个没有引起足够重视的事实。所有文献资料都说明拥有地产的人数大大增加，大部分土地转到了乡绅或小贵族和市民手中。到17世纪初，上议院，即高级贵族的家产比下议院的要差一大截。在商业财富大大增

① ［法］基佐：《欧洲文明史》，商务印书馆2005年版，第27页。

加、土地易主频繁的同时，又出现了第三个影响——人们的头脑里有了新活动……在求知的冲动带来强烈乐趣的地方，自由很快就成为一种需要，并从公众的头脑传播到政府中去。”[①] 日本学者福泽谕吉在分析西方文明形成时揭示了“自由民主”的形成过程：从 15 世纪末叶起，欧洲各国的国家权力渐渐集中于政府。最初人民只是仰慕王室，还不懂自己有参与政治的权利，而国王想排斥贵族，又不得不依靠人民的力量。为了一时的权宜之计，国王和人民结成同盟，互相利用，有时政府还特地授予人民若干权利，这就提高了人民的地位。随着这种情况的发展，到十六七世纪，封建贵族逐渐销声匿迹，虽宗教纠纷尚未平息，但大局已定，国家的内部，只剩下人民和政府的关系了。但是，热衷于专权乃是有权者的通病，各国君王也不例外。这时，人民与王室之间便开始发生了争端，这种争端最先是在英国发生的。在这个时期，虽然王室的权威不算小，但人民由于从事工商业积蓄了财产，还有不少人购买了贵族的土地而成为地主。这些人既有了土地和财产，又善于经营，终于垄断了全国的商业，成为国家财富的主人，因此对于王室的专制，就不能置之不理了。过去曾以罗马为敌进行宗教改革，而今天已经形成了以王室为敌实行政治改革的趋势。从事情的性质看，这两者虽有宗教和世俗之分，但在发挥独立自由的风气而成为文明的象征这一点上，则是完全相同的。这可能是，自由城市的精神，这时又逐渐复兴起来了。[②] 于是福泽谕吉得出结论：由于长期形成对峙局面，即使彼此不服，也不得不同时存在。既然同时存在，即便是互相敌对的，也不得不在互相了解对方的情况下，允许对方活动。由于自己不能垄断一切，又不得不允许对方的活动，于是便各持其说，各行其是，为文明进步尽一份力量。最后将融为一体。

---

① ［法］基佐：《欧洲文明史》，商务印书馆 2005 年版，第 231-232 页。
② ［日］福泽谕吉：《文明论概略》，商务印书馆 1995 年版，第 129 页。

这就是产生“民主自由”的原因。①

“西方中心论”认为，西方现代化道路所蕴含的理性和解放、自由和民主、工业和市场、市民社会和个人利益等，是现代化历史和文明历史上的重大进步，西方现代化道路及其蕴含的文明具有唯一性、标准性和普遍性，因而把“西方现代化道路”解释成“世界现代化的唯一道路”，把西方“地域文明”解释成“普遍文明”，否认后发国家之道路和文明的独特性，强调后发国家须完全遵循西方设定的“现代化道路”和“文明模式”。卡林内斯库说：只有在一种特定的时间意识，即线性、不可逆的、无法阻止地流逝的历史性时间意识的框架中，现代性这个概念才能被构想出来。②

这实质上是推崇线性历史进步观和“唯西”世界史观，是“西方中心论”的“道路存在”。

第二节　单数文明：“文明只属于西方”

西方文明的源头是希腊文明，后发展出罗马文明和欧洲文明。欧洲文明在法国得到集中体现，我们常说的西方文明主要指欧洲文明。亨廷顿认为文明的概念是由18世纪法国思想家相对于“野蛮状态”提出的。③纵向来看，古希腊文明孕育了古罗马文明，古罗马文明孕育了基督教文明，基督教文明孕育了文艺复兴、启蒙运动，文艺复兴、启蒙运动孕育

---

① ［日］福泽谕吉：《文明论概略》，商务印书馆1995年版，第121页。

② ［美］卡林内斯库：《现代性的五副面孔：现代主义、先锋派、颓废、媚俗艺术、后现代主义》，商务印书馆2002年版，第18页。

③ ［澳］鲍登：《文明的帝国》，社会科学文献出版社2020年版，第30页。

了工业文明以及欧洲文明。[①] 依据基佐的看法，欧洲文明的历史发展可概括为三大阶段：一是初创或形成阶段，社会的各种因素从混乱中解脱、诞生，且以原始形式出现；二是探索阶段，社会各因素互相靠拢、混合，但还没有形成任何普遍的、正规的、持续的东西；三是发展阶段，其间欧洲社会具有了一定的形式，遵循一个既定的方向，快速而普遍地向一个明确目标前进。这一进程开始于16世纪。[②] 这里所说的“社会的各种因素”，主要指横向上的教会、封建贵族、君主和平民四大结构性社会要素；所说的“初创或形成阶段、探索阶段和发展阶段”，主要指纵向上的从基督教文明经农业文明到工业文明再到后工业文明。

先从结构逻辑上分析西方文明形成的内在机理。十五六世纪的欧洲存在四大结构性社会要素，即教会、封建贵族、君主和平民。由于教会、封建贵族压制平民自由，也由于平民的需求增长，出现了工商业的兴起和城市的兴起（城市即市民或平民组成的独立单位），且提升了民智，这便导致了教会和封建贵族的弱化，从而在十六七世纪使封建贵族逐渐销声匿迹，宗教教会的影响也逐渐式微。君主为了进一步削弱封建贵族的权力，平民为了争取自由，二者便结为同盟，从而形成了政府（平民和政府的关系），形成了君民同治政体。君主也热衷于专权，于是平民与王室之间便开始发生争端。平民由于从事工商业，其中的一些人便有了土地，积蓄了私有财产，成为国家财富的主人，这就为争取他们的独立自由奠定了经济基础，也逐渐形成了市民社会和资产阶级。这就把国家和市民社会的关系凸显了出来。平民为了维护私有财产，要求以法治形式确立财产权和自由民主权，于是便有了以罗马宗教为对象的宗教改革与以王室为敌的政治改革。在此基础上，18世纪美国第二届大陆会议通过

---

① ［澳］鲍登:《文明的帝国》，社会科学文献出版社2020年版，第280-281页。

② ［法］基佐:《欧洲文明史》，商务印书馆2005年版，第152-153页。

了《独立宣言》。这样，在西方历史演进的过程中，不同的人、不同要素相互独立同时又需要并存且平等相处，便产生了以自由、平等理念为核心的西方文明。其中，宗教、资本、自由、民主、法治、社会多元主义和个人主义，构成西方文明的七大核心要素。

再从历史逻辑上揭示西方文明的演进。在西方文明初创阶段，社会的各结构性要素即教会、封建贵族、君主和平民逐渐从封建制度的混乱中解脱、诞生，且以原始形式出现。在10世纪，封建制度是必要的、唯一可能的社会状态，它被普遍地建立起来，封建专制、封建贵族占主导。封建制度一向反对建立一般秩序，也反对扩大一般自由，其本质是跟秩序和合法性相敌对的混乱①，使一切统一性消失②，人们被封建的以血缘关系为基础和纽带的人身依附关系统治，社会管理从城市转到农村乡间。不过，这一阶段，教会、封建贵族、君主和平民逐渐从封建制度的混乱中解脱、诞生，且都要与它相适应，都被纳入封建系统。在西方文明探索阶段，教会、封建贵族、君主和平民四大结构性社会要素互相靠拢、混合，但还没有形成任何普遍的、正规的、持续的东西。其中宗教教会力量相对突出，对欧洲文明发挥了很大影响③，基督教文明占主导。“十字军东征”是其典型样本。“十字军东征”始于11世纪，持续到13世纪。它具有广泛性，国王、贵族、教士、市民、农民都加入了“十字军”。④“十字军东征”的实质，是基督教与伊斯兰教的斗争⑤，是希腊文明和伊斯兰文明的斗争。“十字军东征”本质上是西方的侵略性远征，尽

---

① ［法］基佐：《欧洲文明史》，商务印书馆2021年版，第85-86页。
② ［法］基佐：《欧洲文明史》，商务印书馆2021年版，第69-70页。
③ ［法］基佐：《欧洲文明史》，商务印书馆2021年版，第78页。
④ ［法］基佐：《欧洲文明史》，商务印书馆2021年版，第153页。
⑤ ［法］基佐：《欧洲文明史》，商务印书馆2021年版，第155页。

管给政治上带来更大程度的统一。[①] 在西方文明发展阶段，欧洲社会注重宗教批判和政治批判，且相对遵循一个既定的方向发展，普遍地向一个明确目标前进。其较为成熟的时期，当属工业文明时期。工业文明发展的既定方向和明确目标，就是经济上通过市场、资本和科技大力发展社会生产力、积累社会物质财富，政治上奉行民主法治，文化上崇尚自由平等。工业文明的本质特征，就是马克思所讲的“以物的依赖性为基础的人的独立性”。就是说，它虽然崇尚个人独立，但却是建立在“物的依赖性”基础之上的。马克思的资本现代性批判，实际上就是对欧洲工业文明的辩证性批判。在兴起于20世纪七八十年代的后工业时代，西方文明发展的特点，就是批判性地反思工业文明对理性和人的主体性的过度张扬，以及对物或资本的过度崇拜，由对资本的经济学批判转向对个人的日常生活世界的批判或生存论批判，强调并注重改变个人的生存境遇和处境，走向对人本身内在精神世界的关切，向人本文明迈出了重要一步。

接着从理论逻辑上提炼西方文明的核心要义。就其一般含义而言，文明是针对野蛮而言的开化、进步和发展。宗教、资本、自由、民主、法治、社会多元主义和个人主义，构成西方文明的七大核心要素。西方文明的产生源于建构秩序的必要。[②] 西方文明有其本质特征：一是历史性，西方文明是基于欧洲历史自然而然地形成发展起来的，它扎根于欧洲历史之中；二是结构性，它是由欧洲四大结构性社会要素的历史博弈和演进而形成发展起来的，教会、封建贵族、君主、平民四大结构性要素在西方文明形成发展的过程中起着十分重要的作用；三是根本性，君主、资本和公民之间的关系构成西方文明的内核；四是平等性，

---

① ［法］基佐:《欧洲文明史》，商务印书馆2021年版，第164页。
② ［法］基佐:《欧洲文明史》，商务印书馆2021年版，第46页。

多样化的主体独立而又平等地并存相处，这是理解和把握欧洲文明的关键。

显然，西方文明是建立在以理性和解放、自由和民主、工业和市场、市民社会和个人利益为核心理念的线性历史进步观和“唯西”世界史观基础上的，后者是西方文明的立足点。文明既可用来“描述”也可用于“评价”，它既是基于“事实判断”的描述性概念，也是解释为“价值判断”的规范性概念。正确思维是基于客观事实的评判。问题是：西方往往坚持“单数一元文明”观，常常罔顾事实，由他们作为单一主体来解释文明，把他们所解释的文明当作最高的、绝对的“唯一”。

这在实质上就是“西方中心论”的“帝国文明”观，具有把文明异化为野蛮的逻辑和基因，是“西方中心论”的“文明存在”。

第三节　种族优越：“西方种族具有优越感”

既然西方的理性和解放、自由和民主、工业和市场等是世界文明史上的最大进步，“西方中心论”者就会进一步认为，作为西方文明主体承担者的西方种族就是“世界上最文明、最先进、最优秀的种族”，再加上西方的地理环境优越，因而就具有充分的文明“优越感”，是“文明的旗手”，“高于非西方民族”，由此就推行“西方中心论”，把世界划分为西方世界和非西方世界，认为西方世界的种族是“主”，非西方世界的种族是“客”，属于蒙昧、野蛮、未开化的民族，“主”必须统治“客”。借此，以求确立西方在整个世界体系中的主宰地位。

一些西方学者宣扬和鼓吹这种所谓的优越感。

鲍登指出：西方普遍认为资本主义国家的西方人所生活的世界即为

现代性世界，而世界上其他地方——苏东国家和所谓的“第三世界”——则处于某种程度上的落后状态或处于前现代化时期。[①]鲍登又指出：检验一国是不是“文明的”，一般以社会政治组织水平和是否拥有合乎公认的欧洲标准的自治能力为判断依据。[②]

伊格尔斯认为，在历史上，欧洲“尤其是法国和使用英语的地区……代表了文明的急先锋”。因此人类史被“等同于西方文明史”。[③]

黑格尔把非西方国家、非欧洲世界看作是落后的甚至是“无国籍民族”，在他看来，一个民族或国家缺乏历史，不是因为它不会写，而是因为缺失国家地位，没有什么可写。黑格尔主张：只有那些“洞悉自身以独立个体存在，即拥有自我意识”的人，才是“真正理解历史”之人，实现这一目标的手段是国家，或者更为准确地说，是独立的国家地位。黑格尔将印度作为非欧洲世界的例子，指出：“大体上说来，印度文化的传播只是一种悄声无息的扩张，也就是说，没有政治的行动”，“印度人民不曾成功地征服过别人，自身却常常为他人征服”。黑格尔得出结论：尽管印度在艺术和其他领域取得了举世公认的成就，但正是因为印度人没有编年史，他们才没有交易史，即经济增长不会扩展到真正的政治环境。[④]

另有一些学者认为：“没有历史的民族……获得历史”的最有效和最高效的手段就是通过欧洲殖民。换句话说，未开化之人变成开化之人的方法是欧洲殖民统治者的监护。[⑤]

马志尼简明扼要地指出了世界主义思想和实践中存在的主要缺陷：

---

① ［澳］鲍登：《文明的帝国》，社会科学文献出版社 2020 年版，第 88 页。
② ［澳］鲍登：《文明的帝国》，社会科学文献出版社 2020 年版，第 19 页。
③ ［澳］鲍登：《文明的帝国》，社会科学文献出版社 2020 年版，第 93 页。
④ ［澳］鲍登：《文明的帝国》，社会科学文献出版社 2020 年版，第 97 页。
⑤ ［澳］鲍登：《文明的帝国》，社会科学文献出版社 2020 年版，第 98 页。

所有这些自称世界主义者的人，否认不同种族的特殊使命，假装蔑视各民族的观念与喜好。一旦出现如何行动或组织问题，就总是试图让自己的国家或城市成为运动的中心。他们确实不会毁灭民族，却为了自身利益掠夺其他民族。一个神选的民族、一个拿破仑民族，就是他们所有制度的定论。他们对民族的否定本身就包含了取代民族主义的胚芽；取代——如果不是通过武力（如今也无法轻而易举地动用武力）——则是通过设想一种永久性、排他性的道德和知识层面的积极行动，而这对那些因软弱只能承认它的民族而言，是与任何其他形式的取代一样危险。①

日本的福泽谕吉也认为：现代世界的文明情况，要以欧洲各国和美国为最文明的国家。②

威廉斯最后总结道：中世纪以来，西方世界一直努力将自我理解的事实强加给非西方民族。在征服土地的过程中，那些西方的欧洲殖民国家和殖民扩张的衍生国家背后都有一个中心思想作为支撑，即西方世界的宗教、文明和知识比非西方民族优越。这一优越感让西方世界产生救赎的使命感，一厢情愿地将自我理解的事实强加给非西方民族。③正如安吉所言：非欧洲民族一直被描述为野蛮人。④与西方那些“文明”的自由民主国家相比，这些“失败”国家或“无赖”国家被贴上“野蛮”的标签。此外，从某些方面来看，后者实现现代性的唯一希望就是“跟随以为合适的老师，那就是西方”⑤。这就是鲍登所描述的：如果说整个世界朝着拥有一种通用语言的方向发展，那这种语言会是英语；如果说整个世界朝着拥有统一通信、安全、质量标准的方向发展，那么人们无疑

① ［澳］鲍登：《文明的帝国》，社会科学文献出版社 2020 年版，第 117 页。
② ［日］福泽谕吉：《文明论概略》，商务印书馆 1995 年版，第 9 页。
③ ［澳］鲍登：《文明的帝国》，社会科学文献出版社 2020 年版，第 130 页。
④ ［澳］鲍登：《文明的帝国》，社会科学文献出版社 2020 年版，第 144 页。
⑤ ［澳］鲍登：《文明的帝国》，社会科学文献出版社 2020 年版，第 234 页。

会遵循美国的标准；如果说整个世界正在被电视机、收音机和音乐紧密联系在一起，那么播放的肯定是美国的节目；如果说一种共同的价值观正在世界范围内形成，那么这种价值观一定会让美国民众感到舒适安逸。以为只有如此才符合美国的经济与政治利益。[①]

这实质上是“唯西”民族优越观和地理环境决定论，是种族主义，是“西方中心论”的“民族存在”。

第四节　天赋人权：“自然的个人‘为我’符合自然秩序”

这实际上是为“西方中心论”作人性辩护。

“西方中心论”为把理性和解放、自由和民主、工业和市场等解释为世界文明史上的最大进步，就进一步为此提供人性论证，强调人的本质是实体个人，而实体个人的本性就是追求个人为我的物质利益与自由、民主等，这是天赋人权，符合自然秩序，也最符合人性，私有财产神圣不可侵犯；个人作为实体性、主体性的为我存在，在追求物质财富和占有私有财产的过程中，能找到自我价值，因而应确立为我的物质利益与个人自由、民主的至高无上性。于是，关于人的本性是“自私”“自保”等理论纷纷出场了。西方人权观虽然也讲“生存权”“发展权”等，但更加注重追求个人为我的物质利益与自由、民主的“人权”。

西方自然法学派所提倡的“天赋人权说”，是沿着两条思路进行的。一是从人的类本性出发，把人权看作人作为人应当拥有的权利，强调人

① ［澳］鲍登：《文明的帝国》，社会科学文献出版社2020年版，第258页。

权的人类性，认为每一个人作为人，都应当享有不可剥夺和不可让渡的人权。关于这一点，艾德勒在其《六大观念》一书中做了说明：人的种种权利的最终基础在于人类的本性……作为人，我们都是平等的——平等的人并且具有平等的人性[①]，平等地拥有平等的人权。二是从现实出发，把人权看作调节国家和个人（公民）利益关系的一种手段，期望凭借人民主权原则，通过人权使公民个人维护自己的自由、民主与利益，并限制国家权力因过度集中而形成独裁和专制。沿着这一思路，一些思想家把“自然法”“社会契约”作为人权的理论根据，把人权作为推进资产阶级政治民主的核心和手段。

文艺复兴时期的人道主义以自然主义为本质特征，它注重人的自然性，把人主要理解为“自然人”，把人的本质理解为人的自然本性，主张人应按照自然生活，追求物质利益和肉体快乐，强调物质欲求的合理性和人对世俗生活的享受，人应大胆地满足自己的自然欲望并进行世俗享受。

18 世纪西方的人道主义以理性主义为本质特征，它是从对人性的理解开始的。18 世纪法国启蒙运动时期的一些思想家如卢梭、伏尔泰等，从人和动物的区别上理解人，再从所理解的人出发谈论人道主义。他们认为，只有理性才是人和动物的根本区别，才是人的根本特性。不仅如此，他们把理性独立出来，把理性看作衡量和主宰宇宙万物的尺度。他们用理性反对封建专制，认为封建主义压制人的理性；他们用理性反对宗教蒙昧主义，指出宗教神学不去开发人的理智，反而倡导人的愚昧；他们用理性论证人的自由、平等（正义）和博爱，认为人的理性就是自由、平等、正义和博爱；他们还用理性为资产阶级利益辩护，强调资产阶级

① ［美］艾德勒：《六大观念》，生活·读书·新知三联书店 1989 年版，第 170-171 页。

的行为是合乎理性的。质言之，他们用理性裁判一切。理性主义的人道主义之主义内容，就是强调人的理性至高无上。正如恩格斯所说，一切都必须在理性的法庭面前为自己的存在作辩护或者放弃存在的权利[①]，接受理性的裁决，没有什么不能被怀疑，没有什么不能被批判，人们只相信理性，相信自己的独立判断能力。由此，必须建立一个永恒的理性国家和理性社会。

资产阶级的“天赋人权说”与西方人道主义契合了资本主义商品经济发展的需要，迎合了产业革命开始后自由主义、个人主义的文化思潮，推动了资本主义经济、政治、文化的发展，冲击了压迫、特权、偏私、迷信以及权威，因而其积极作用是值得肯定的。然而，它也具有明显的历史局限性：它没有正确处理人作为类应拥有的类权利、人作为社会成员的特殊权利和人作为有个性的个人的具体权利这三者之间的关系，仅仅看到了人的类权利和个人权利；没有着重分析人权的社会经济根源和基础，而较多地从人权的人类学基础出发来谈人权；否认人权的阶级性质及其阶级本质；没有分析无产阶级的人权状况。尤其需要指出的是：西方关于人的学说之实质，是认为人的本性及其本质是人的自然性和理性，这种自然性就是追求个人的物质利益和肉体快乐，强调物质欲求的合理性和人对世俗生活的享受，这种理性就是追求自由、平等、正义和博爱，认为这是人的本性、本质中最根本的。西方把人的自然性至高无上化，把人的理性当作最高尺度，认为达到了对人的本性、人的本质及其人权的最高理解，达到了对人的本性、人的本质及其人权理解的最高水平。

这称为“天赋人权观”，是“西方中心论”的“人性存在”。

---

① 《马克思恩格斯选集》第 3 卷，人民出版社 2012 年版，第 775 页。

第五节　社会进化："西方社会的进步源于社会竞争"

"西方中心论"认为，自由、民主是普遍适用的治理原则①，西方强调并注重以"市场竞争"的现代化模式为文明理念，将其全面贯彻于社会一切领域和现实的世俗化进程中。在现代化过程中，经济领域是自由市场经济（或资本）的存在和主导，它奉行"市场竞争""优胜劣汰"原则；政治领域是世俗政治权力的确立及其合法化，及西方民主的存在，它奉行"直接民主""竞选民主"原则；文化领域是宗教衰微与自由文化的兴起，它奉行"竞争文化"与"自由竞争"理念；社会领域是传统社会秩序衰落与社会领域从政治领域分离出来，它奉行"社会竞争""适者生存"原则。

上述所讲的"市场竞争""优胜劣汰""直接民主""竞选民主""竞争文化""自由竞争""社会竞争""适者生存"，核心是"优胜劣汰""适者生存"；而"西方中心论"所谓的"优胜劣汰""适者生存"，其实质就是作为所谓"强者"的资本家、资本利益集团、资产阶级之胜、之生存，生存在社会底层且作为"弱者"的普通大众或平民大众是很难在"竞争"中脱颖而出的，他们大多是"西方中心论"所谓的"劣者"，处在艰难的生存环境之中。显然，社会进化论中的"强者""胜者""适者"，就是资本家，就是资本利益集团，就是资产阶级，就是西方国家和西方社会，工人、普通大众或平民大众，非西方国家和非西方社会大都属于"弱者""劣者"，在"竞争"中是要被淘汰的。这是自然界的"丛林法

① ［澳］鲍登：《文明的帝国》，社会科学文献出版社 2020 年版，第 18 页。

则”在社会领域地地道道、彻彻底底的表现或体现，也暴露出西方资本家、资本利益集团、资产阶级的丑陋本质和野蛮本性。

社会进化论可以称为“现代性社会进化观”，是“西方中心论”的“社会存在”。

第六节　理性标准：“理性是最高尺度”

“西方中心论”强调的个人主体性与自由、民主、人权的“普世价值”都要聚焦到理性上，认为理性是统一社会模式和秩序的维护者，如果缺乏理性，其他都无法实现。理性具有本质性、逻辑性、同一性、唯一性、普遍性、至上性、永恒性、绝对性、主体性、否定性，西方国家可依据理性制定具有控制世界最高权力的“世界标准”，如现代化标准、人权标准、价值标准、自由民主标准，尤其是“普世价值”标准等，“西方中心论”认为西方国家、民族应当用这些世界标准裁量其他国家和民族，非西方国家、民族唯有实行西方文明模式，唯有奉行理性，才能实现现代化。

“西方中心论”把西方国家、西方民族、西方社会看作是理性的最高最集中的体现，因而其应具有制定世界一切标准的权力；非西方国家、非西方民族、非西方社会都应服从理性的安排，服从西方所制定的各种各样的标准，否则，就用西方所谓的“标准”对其进行围堵打压或实行各种制裁，使其服从之。显然，“西方中心论”的“理性”，已经不是相对于感性、知性的理性，不是相对于冲动的理性，不是相对于能理解和把握事物的本质的认知方式的理性，而是把自由、民主看作是本质性、逻辑性、同一性、唯一性、普遍性、至上性、永恒性、绝对性、主体性的理性，是具有排他性、否定性的理性，其实质就是把现代化、文明化等同于西方化。显然，这是为“西方中心论”作辩护的“理性”。

这里的理性尺度可以称为“理性尺度观”，是“西方中心论”的“理性存在”。

第七节　“普世价值”：“向世界推广‘普世价值’”

把理性尺度理念化，就会形成并提出“普世价值”。

“普世价值”不仅是一种哲学价值观念，而且在实际上已成为西方推行西方中心论的一种资产阶级意识形态。

“普世价值”是一种二元对立、“主客二分”式的思维方式，即它在本质上是以“我”为“主”，将“他者”当作纯粹的“客”，而且是与“我”不平等的“客”，甚至是与“我”根本对立的“客”。因而，“普世价值”时常处在一种以“我”（西方）为“主”、以“我”（西方）为“中心”的“自我优越感”中，不加掩饰甚至毫无遮掩地利用强制手段推行自己的价值理念。更为鲜明的是，这种二元对立的思维方式奉行的是“单边主义”“双重标准”。正如有的学者所指出的，它们总以“救世主”“人权恩赐者”自居，动辄以“人权状况”制裁甚至侵略他国，而对自己不光彩的人权记录却讳莫如深、毫不悔改，甚至极霸道地让别人闭嘴。[①]

“普世价值”的底层逻辑是，西方是“普世价值”的确定者；“普世价值”的具体内容是依据资本家、资产阶级的根本利益来设置的；它凭

① 侯惠勤：《“普世价值”的理论误区和实践陷阱》，《马克思主义研究》2008 年第 9 期。

借抽象普遍性的外表，向全世界输出和推广“普世价值”；在输出和推广“普世价值”的过程中，掌握着定义和解释“普世价值”的话语权、裁定权；如果西方认为其他国家违背了“普世价值”，就凭借“美丽神话”或“抽象的道义”对其进行围堵打压，甚至发动战争；其意图，就是凭借所谓的抽象的“普遍性”而获取其特殊利益。

“普世价值”在实质上是资产阶级意识形态，其本质的理论主张，一是要反对和否定甚至消解马克思主义、共产主义，以达到资本主义一统天下的局面，因而是资本“同一性”逻辑支配世界的观念工具；二是为“西方中心论”“历史终结论”服务，认为西方文明是人类文明发展的制高点，从而“唯我独尊”、排斥多元，认为其他落后国家或地区都应该走西方的发展道路。

“普世价值”具有很强的意识形态性，它本来是西方近代文明的产物，是近代西方资产阶级反对封建统治的武器，虽然在历史上起过一定的积极作用，但后来却被宣扬成甚至自诩为适合全人类的、具有普世性的“永恒”理论。甚至它还企图垄断国际话语权，强迫其他国家或民族接受其价值观，并否定其他文明之价值存在的正当权利。这实质是打着“普遍性”的旗号贩卖其“特殊性”，是一种典型的意识形态欺骗，而且是“强制性”欺骗，这其实是“用‘普世’价值掩盖其价值‘观’的本质”，且在实际的交往中往往“以牺牲他国利益来获取自身利益”。“普世价值”的这种本质特点，在当今世界应当是有目共睹的了。

“普世价值”在实践上导致了西方的霸权主义和强权政治，导致了西方某些强国的殖民主义，导致了西方一些国家的掠夺性扩张行为，给世界许多国家和地区的人民带来了灾难性后果。

“普世价值”，是“西方中心论”的“价值存在”。

第八节 开化使命："西方需要行使'上帝旨意'的'文明开化使命'"

"西方中心论"否定非西方国家、民族及其文化、文明，认为西方文化、西方文明就是世界最先进的文化、最先进的文明，具有普遍性，非西方国家、民族要么蒙昧，要么野蛮，要么半开化，西方世界需要行使"上帝旨意"的"文明开化使命"①，如实行霸权主义和强权政治，强调文明冲突，输出"普世价值"，实行殖民扩张，甚至诉诸暴力或战争，认为这些具有合法性即"正当性"。②以"文明开化"为名，"一直是欧洲国家体系扩张的首选武器"③，数个世纪至今，西方一直用"文明开化野蛮"等强制性话语来为自身"帝国文明"辩护。④就整个世界来讲，世界历史，在一定阶段或很大程度上，就是西方国家、民族在世界实行资本掠夺和殖民主义扩张的历史。

鲍登指出：世界上"文明的"民族或国家以"文明"之名不时并将继续对"不文明的"民族或国家采取极端措施。正如斯塔罗宾斯基所说，一个较为极端的例子是，文明需求的后果表现为"殖民的正当性"。⑤他还指出：杜兰特将文明比作一条蜿蜒流淌的溪流，它不时因杀戮、盗窃、喧嚣及其他夺人眼球的行为而变得血红；而在岸边，人们正在悄无声息地搭建房舍、繁衍后代、抚养孩童、颂歌赋诗，甚至从事雕刻艺术。正如杜兰特对文明叙事的诠释，在人类历史的长河中，那些发生在河畔上

---

① ［澳］鲍登：《文明的帝国》，社会科学文献出版社 2020 年版，第 95-96 页。

② ［澳］鲍登：《文明的帝国》，社会科学文献出版社 2020 年版，第 57 页。

③ ［澳］鲍登：《文明的帝国》，社会科学文献出版社 2020 年版，第 100 页。

④ ［澳］鲍登：《文明的帝国》，社会科学文献出版社 2020 年版，第 288 页。

⑤ ［澳］鲍登：《文明的帝国》，社会科学文献出版社 2020 年版，第 57 页。

的事情更加符合文明间关系的走向，持续的压迫与杀戮只会使溪流变得更加污浊。人类究竟该何去何从，这本不该成为一个艰难的选择。①

马克思、恩格斯在《共产党宣言》中，对西方所谓的文明开化也作过描述：“资产阶级，由于一切生产工具的迅速改进，由于交通的极其便利，把一切民族甚至最野蛮的民族都卷到文明中来了。它的商品的低廉价格，是它用来摧毁一切万里长城、征服野蛮人最顽强的仇外心理的重炮。它迫使一切民族——如果它们不想灭亡的话——采用资产阶级的生产方式；它迫使它们在自己那里推行所谓的文明，即变成资产者。一句话，它按照自己的面貌为自己创造出一个世界。”②

这可以称为“开化使命观”③，是“西方中心论”所谓的“合法存在”。

第九节　美丽神话：“把特殊利益说成普遍利益”

西方的“线性道路”“单数文明”“种族优越”“为我人性”“社会进化”“理性尺度”“普世价值”“开化使命”，以及“自由民主”“西方中心”“唯西独尊”“资本主导”“世界主宰”等，都蕴含着利己、对立、扩张、冲突的基因，由此西方的“帝国文明”已异化为野蛮，也会作出令人发指的行径。

第一次世界大战的发源地在哪里？第二次世界大战的发源地又在哪里？西亚、北非、中东地区冲突和局部战争的根源在哪里？俄乌冲突的根源在哪里？巴以冲突的根源在哪里？台海冲突的根源又在哪里？整个

① ［澳］鲍登：《文明的帝国》，社会科学文献出版社 2020 年版，第 295 页。
② 《马克思恩格斯选集》第 1 卷，人民出版社 2012 年版，第 404 页。
③ ［澳］鲍登：《文明的帝国》，社会科学文献出版社 2020 年版，第 288 页。

世界不断出现冲突、动荡且不稳定的根源在哪里？归根究底，一定会追溯到美西方；或者对这些问题的回答，会指向美西方国家和民族。也就是说，处处打着“文明”旗号、穿着“文明”外衣的美西方国家、民族，却处处作出令人发指的野蛮的行径。

西方为遮蔽这种野蛮，就制造出诸多“美丽神话”，诸如说它们是最讲民主、自由的，是最为文明的国家和民族，是世界上最为优越的国家和民族，等等，来为“西方中心论”提供意识形态辩护，认为西方所做的一切都是世界上最文明的，其所作所为都是在行使“文明开化使命”。关于这一点，恩格斯也进行过深入的揭露，指出西方国家、西方资产阶级一方面高喊自由、民主、人权，一边却在用枪杆、刺刀、大炮。[①]

这可以称为“意识形态神话观”，是“西方中心论”的“意识形态存在”。

第十节　唯一哲学：“具有本体意义的‘一’拥有最高权威”

“西方中心论”有其哲学基础。

从古希腊古罗马哲学到德国古典哲学，西方哲学体系一直用思维法则为现实世界建构“同质性”的秩序，确定作为最后本源、最高权威、最高目的的形而上学的最高的“一”，用“一”解释“多”。这就是现代西方哲学所强调的“万能理性”或“绝对精神”，西方哲学认为它具有

① 《马克思恩格斯文集》第3卷，人民出版社2009年版，第338页。

最高的“普遍性”，是同化“多”的最高“同一性”、主宰“多”的最权威的“主宰者”，是统治现实世界的绝对的“终极存在”，具有操控一切并使一切发生变化的魔力，决定着社会生活的基本面貌，主导着现实世界。其实质，就是证明“同一性”的“目的”和“意义”。“同一性思维”的特质，就是强调一高于多、独断高于宽容、独白高于对话、强力高于平等、控制高于自由、专制高于民主①，因而，西方传统的形而上学理性大都是为“西方中心论”作哲学论证的。

从亚里士多德的形而上学，到15世纪至18世纪的形而上学，再到德国古典哲学的形而上学，等等，其共同的本质特征，就是都为万事万物确定作为最后本源、最高权威、最高目的的形而上学的最高的“一”（一元本体），用这个“一”（本源）来解释万事万物这个所谓的“多”。这个“一”，要么是亚里士多德的“理念”（其任务是描述实在的最普遍、最抽象的特征，以及最普遍有效的原则），要么是中世纪的“上帝”（认为上帝是创造万物的造物主），要么是中世纪形而上学唯物主义的“原子论”（认为原子是世界的本原），要么是德国古典哲学所强调的“万能理性”或“绝对精神”。形而上学所谓的“一”之具体化身，要么是西方国家和民族，要么是西方的自由、民主，要么是西方的现代化道路，要么是西方的一元文明，要么是西方所谓的人权，要么是西方的理性，等等。

这可以称为“唯一哲学”观或形而上学理性世界观，或形而上学“一元本体论”，是“西方中心论”的“哲学存在”。

① 白刚：《瓦解资本的逻辑》，中国社会科学出版社2009年版，第76页。

第三章　从现代化在中国到中国式现代化在世界

“西方中心论”是基于西方现代化的。现代化运动和潮流是由西方启蒙运动尤其是西方工业革命开启的，工业革命、市场经济、资本逻辑和政治民主等，是西方开启现代化运动的标志性范畴。马克思、恩格斯的《德意志意识形态》《共产党宣言》等著作，揭示、分析、阐述了西方现代化运动和潮流开启的内在机理。《德意志意识形态》主要揭示、分析和阐述了生产力、资本、世界市场、普遍交往（世界交往）所开辟的世界历史，使地域性历史转变为世界历史[①],《共产党宣言》主要揭示、分析和阐述了生产工具、大工业、世界市场“创造出一个世界”，一个具有“统一性”的世界。[②]

① 《马克思恩格斯选集》第 1 卷，人民出版社 2012 年版，第 166-169 页。
② 《马克思恩格斯选集》第 1 卷，人民出版社 2012 年版，第 401-406 页。

西方开启的现代化运动和潮流极大地推动了生产力发展和人类文明发展，促进地方历史、民族历史转变为世界历史。马克思、恩格斯在《共产党宣言》中指出："资产阶级在它的不到一百年的阶级统治中所创造的生产力，比过去一切世代创造的全部生产力还要多，还要大。"[①] 弗罗姆认为，近一百年来，西方世界创造了巨大的物质财富，这是人类历史上任何一个社会都没有获得过的。[②]

然而，西方现代化发展进程却逐渐造成无产阶级和资产阶级的对立、先发现代化国家和后发现代化国家的对立，导致人和自然的疏离、人和社会的疏离、人和人的疏离、人的身心疏离。西方现代化的这些"对立"和"疏离"，从根本上说是作为其理论根基的"西方中心论"导致的。"西方中心论"是近代以来西方哲学社会科学知识体系的根基与内核，其建构逻辑包含环环相扣、步步递进的十大环节，实质就是把世界"唯西"化、把西方"唯一"化、把"唯一""统一"化、把"统一""统治"化……所以最终无论是谁，只要不服从西方统治就都要受到"打压"。这种现代化表面上披着自由、民主、平等的"美丽外衣"，内在却蕴含着暴力、掠夺、血腥等罪恶因子。

中国式现代化作为中国共产党领导的社会主义现代化，蕴含着平等、和谐、普惠的文明基因。中国式现代化并非一蹴而就，而是中国共产党带领中国人民经过长期艰苦探索得出的硕果。并且，"现代性"之共同点，是具有强烈的历史意识和时间意识。由此，有必要从历史发生学视角审视中国对现代化的探索之路。这是对中国式现代化在实践方面发展历程的梳理，本质上研究的是中国式现代化的历史逻辑。

---

① 《马克思恩格斯选集》第1卷，人民出版社2012年版，第405页。

② ［美］弗罗姆：《占有还是生存》，生活·读书·新知三联书店1988年版，第1页。

第一节 近代中国对西方现代化潮流冲击的被动防御

现代化运动作为一种世界潮流，把各国卷入其中，实现现代化成为世界各国面临的共同命运，中国亦不例外。“它使未开化和半开化的国家从属于文明的国家，使农民的民族从属于资产阶级的民族，使东方从属于西方。”[①] 西方一些现代化理论以“传统－现代”为解释框架看待先发现代化国家和后发现代化国家之间的关系，强调在实现现代化问题上，后发现代化国家必须依附于先发现代化国家，其中蕴含着“西方中心论”的逻辑。西方现代化潮流冲开了中国大门，对清朝末年的中国造成强烈冲击，也加速了晚清的没落。面对冲击，近代中国开始一次次进行被动的防御性回应。在这些回应中，太平天国运动、义和团运动也起到了一定的作用，但主要的回应有以下四次。

第一次回应是洋务运动。主要是在“器物”层面（如工业、经济、科技、武器装备等）对西方现代化潮流的回应。当时西方列强用洋枪洋炮打开了中国大门，以曾国藩、李鸿章、左宗棠、张之洞为主要代表的洋务派，强调引进西方的武器装备，学习西方的科学技术，兴办洋务，办军用企业和钢铁工业，生产洋枪洋炮和舰船。与之相应，也产生其理论主张，即张之洞强调的“西学为用”。洋务运动在性质上是晚清内部部分官僚为了挽救其封建统治，从武器装备和科学技术等“器物”层面向西方学习的自救自强的改革运动。其历史进步意义在于冲破封建主义封闭保守的狭隘眼界，打破重农轻商的历史传统，一定程度上促进了近代中国生

① 《马克思恩格斯选集》第 1 卷，人民出版社 2012 年版，第 405 页。

产力的发展，使中国人初步具有了现代化意识；其消极影响在于它为帝国主义、封建主义、官僚资本主义的勾结提供了条件。这也是国家蒙辱、人民蒙难、文明蒙尘的根本原因。[①] 它表明：晚清官僚承担不了中国实现现代化的历史重任。

第二次回应是戊戌变法。主要是在“制度”层面对西方现代化潮流的回应。这以康有为、梁启超、严复、谭嗣同为主要代表，严复被誉为“精通西学第一人”。戊戌变法在性质上是主张资产阶级改良的爱国救亡政治运动，其目的是用资本主义的政治、经济、社会、文化、教育等制度来取代封建专制的政治体制、自给自足的自然经济，从制度层面推进中国现代化。其积极作用在于推动了晚清政府的自我改革，加速知识分子由维新向革命转化，使其成为革命党人，也从制度上推动了中国现代化；其消极作用在于不敢全面彻底否定封建专制，对软弱无能的清政府抱有幻想。戊戌变法以失败而告终，其根本原因在于资产阶级的软弱性和封建专制守旧势力的顽固性，封建守旧势力极力反对变法。这表明：在半殖民地半封建的旧中国，没有代表无产阶级和人民群众的强有力的先进政治组织，没有广大人民群众的支持，仅依靠资产阶级自上而下的改良道路来实现中国现代化，是行不通的。

第三次回应是辛亥革命。它与戊戌变法有异曲同工之处，都以西方文明为借鉴对象，都是在“制度”层面对西方现代化潮流的回应。但也有区别，戊戌变法主要是从局部对封建专制政治制度进行带有资本主义性质的政治改良，而辛亥革命则依靠早期现代化的中坚力

① 《中国共产党第十九届中央委员会第六次全体会议文件汇编》，人民出版社 2021 年版，第 22 页。

量，即具有强烈爱国主义精神又接受西方政治观念的新式知识分子，提出了系统的、契合现代化发展需要的、以实现民族独立和政治民主化为目标的政治纲领和“三民主义”。它最终推翻了君主专制制度，为中国从农耕文明向工业文明转变提供了契机，促进了经济现代化，也为中国经济发展指出了走向工业化和现代化的道路。然而，辛亥革命的教训，就是没有认识到仅仅依靠新式知识分子在中国的历史条件下建立资产阶级共和国是不可能的，必须重新寻求新的救国救民的正确道路。

第四次回应是五四运动。主要是在“文化”层面的回应，主要代表人物有陈独秀、李大钊、蔡元培、胡适等。五四运动，是一场以青年学生为主，广大群众、市民、工商人士等阶层共同参与的反对帝国主义、封建主义的爱国运动。其目的，就是在工人阶级领导下，向西方学习科学和民主，推翻帝国主义、封建主义统治，为推进中国现代化提供思想文化基础。其积极意义，是为马克思主义在中国的传播创造了条件，为推进中国式现代化提供了思想文化基础；其消极方面，就是割断了中华传统文化脉络，把中华传统文化全盘当作糟粕加以批判。五四运动前后，在中国思想文化界，在如何应对西方现代化潮流冲击问题上争论较为激烈。归纳起来，主要有五种路线和观点：完全接纳西方化、现代化；完全拒绝西方化、现代化；可以西方化但不能现代化；接受现代化但不能西方化；在现代化进程中，起飞阶段可以吸收西方文化中的许多因素，加快发展阶段，西方化的比率要下降，本土文化应获得复兴和伸张。五四运动表明：解决中国现代化问题，最为关键的，一是必须有正确的科学思想引领，二是必须有强有力的组织领导力量。

第二节　中国共产党对西方现代化潮流冲击的主动应对

1921年，中国共产党诞生。中国共产党的诞生，对中国实现现代化具有开天辟地的历史转折意义，它一改过去中国对西方现代化潮流冲击的被动防御为主动应对。

一、在应对西方现代化潮流冲击中掌握历史主动

中国共产党对西方现代化潮流冲击的主动应对，首先在文化层面，积极主动推进马克思主义中国化，把马克思列宁主义基本原理同中国具体实际相结合，具有先进思想引领；其次在组织领导层面，马克思列宁主义与中国工人运动相结合产生了中国共产党，具有先进组织领导；最后还建立起马克思主义中国化同“中国道路”的本质联系，从根本上积极探寻解决中国问题的中国道路。探索中国现代化道路的重任，历史地落在了中国共产党身上。在马克思主义中国化时代化的历史进程中，马克思主义基本原理同中国具体实际相结合、同中华优秀传统文化相结合，最为实质的，就是中国共产党从根本上找到了一条能解决中国问题的现代化道路，道路探寻是贯穿马克思主义中国化时代化的一条根本主线。毛泽东指出：“应该把马列主义的基本原理同中国社会主义革命和建设的具体实际结合起来，探索在我们国家里建设社会主义的道路了。”[①] 这样，中国共产党就从指导思想、领导力量、中国道路三个根本方面掌握了历史主动，使中国不断开辟实现社会主义现代化进而实现中华民族伟

① 《毛泽东年谱》第2卷，中央文献出版社2013年版，第550页。

大复兴的正确道路，为实现现代化创造了根本社会条件，从根本上改变了中国人民的前途命运，逐步展示了马克思主义的强大生命力。[①]其中，道路问题是关系党的事业兴衰成败第一位的问题，道路就是党的生命。[②]这一时期我国对现代化道路的探索和实践形成的最大成果，就凝练为“走自己的路”。这表明中国共产党在实现中国式现代化的道路上开始掌握历史主动。

二、中国现代化的历史自觉

现代化是任何面向现代世界的国家都绕不开的必修课，而且是必须修好的主干课。关键问题在于用什么样的方式，以什么样的路径，循着什么样的逻辑推进现代化。作为一个渴望并追求现代化的后来者，20世纪以来的中国人民在中国共产党领导下进行了艰辛探索，展现了极强的历史自觉与理论自觉，取得了巨大的成功，并由此走出了一条中国式的现代化道路。

（一）伟大的中国革命为中国式现代化作了充分准备

成功推进现代化既以一定的政治和社会变革为内容表现，又以特定的政治和社会变革为先决条件，中国共产党领导的中国革命以及新中国的成立作为一种整体性变革，为中国的现代化作了充分铺垫。

鸦片战争以来，裹挟着西方因子的现代化要素不断冲击着中国的政治和社会，使中国局部地呈现了某些现代性特征。但是，由于缺乏战略性全局性的政治和社会变革，现代化要素与前现代要素之间不断产生纠葛冲撞，使得近代中国社会处于多重矛盾交织的状态。

---

① 《中国共产党第十九届中央委员会第六次全体会议文件汇编》，人民出版社2021年版，第91-92页。

② 习近平：《关于坚持和发展中国特色社会主义的几个问题》，《求是》2019年第7期。

陈明明指出：在这种背景下，从政治上寻求根本解决的激进方案，以高度集权的方式重塑社会秩序，便成为多数现代化精英的选择。显然，在这里，“革命”这一曾经主导中国政治研究的“反帝反封建”范式的中心话语被置入中国现代化的语境中并获得了新的意义，革命既是一个分权运动（摧毁传统的政治结构，打破专制的中央集权），也是一个集权运动（重建国家主权，为现代化提供新的权威基础）。①

因而，破解中国现代化困局的根本，在于给出一整套彻底变革旧社会的总体性解决方案并予以实现。显而易见，能够担当这样的重任的历史主体，只能是中国共产党；方式只能是革命。

实际上，正是在一系列革命任务的完成中，中国共产党系统性地实现了对传统中国政治形态、经济形态、文化形态和社会形态等的重构与再造。历史事实证明，这种重构与再造从真正意义上推进了中国的现代化，使得中国的现代化从一开始就不同于也必然不会追随于西方现代化。

叶险明认为，从现代化视角来看，中国共产党能够领导中国人民夺取全国胜利主要有三个方面的原因：一是把对社会结构的彻底改造任务与争取国家独立和领土完整的任务有机结合起来，从而使中国共产党获得了现代化的权力；二是能够按照其制定的彻底改造社会结构的纲领和路线，脚踏实地地深入农村变革，从而为进一步在整体上推动中国社会转型和现代化奠定了牢固的社会基础；三是以毛泽东同志为主要代表的中国共产党人从文化层面把现代性和民族性有机地融为一体，从而为中国的现代化提供了坚强的精神支柱。②这实际上已经深刻触及了中国革命的现代化意涵。

① 陈明明：《比较现代化 · 市民社会 · 新制度主义——关于20世纪80、90年代中国政治研究的三个理论视角》，《战略与管理》2001年第4期。

② 叶险明：《中国共产党夺取全国胜利原因的现代化思考》，《史学月刊》2001年第4期。

（二）中国式现代化是人类实现现代化历史上的一次伟大飞跃

从革命、建设到改革，把中国式现代化作为一个连续性历史实践看，中国对先发国家现代化经验的学习，以及中国式现代化理论和实践对于人类实现现代化经验的丰富与充实，造就了人类实现现代化历史上的一次飞跃性事件。

由于中国式现代化属于后发国家的现代化，因而中国在推进现代化的过程中，不可避免地受到先发国家的影响；又由于中国比较注重学习他国经验，因而这种影响自然较其他发展中国家更为强烈一些。向先发国家学习，无疑是中国成功推进现代化的重要原因之一。就此可以说，先发国家的现代化理论与经验，对于中国式现代化起到了滋润和启迪作用。如果过于凸显中国式现代化之路的独特性，而忽视了中国的学习与模仿，特别是在新中国成立后对苏联、东欧国家的学习与模仿，以及在改革开放之后对欧美和东亚国家的学习与模仿，那么显然将模糊历史的真相，实际上也将否定中国投身于现代化的智慧与决心。但同样也要看到的是，中国的这种“现代化学习”是一种有选择的学习，是一种以我为主的“拿来主义”式的学习。中国并没有因为学习西方而变成西方的样子，正如并没有因为学习苏联而变成苏联的样子一样。

由此需要进一步思考的是：中国对于先发国家现代化经验的选择性吸收借鉴，是有利于还是不利于中国成功推进现代化呢？在大量的西方研究看来，答案显然是“不利”。然而通过深层次的研究却发现，中国的这种选择性学习借鉴恰恰是中国现代化成功推进的重要原因之一。进一步地讲，中国在选择性吸收之上所发展出的成功推进现代化的理论与实践，构成了对人类现代化经验的反哺。由此所推导出的重大理论意义就在于：人类的现代化经验，自中国现代化经验的丰富与充实之后，才开始走出西方小天地，走向世界大舞台，也更务实，更接地气，更具有普遍意义。

张乾元等人指出，中国式现代化建设道路及其实现的伟大社会变革，既不是西方资本主义国家现代化发展的翻版，也不是其他社会主义国家现代化道路的再版，而是中国共产党领导人民探索的适合中国国情的“创新版”。它根植于中华优秀传统文化，发端于中国社会主义实践，秉承马克思主义科学精神，又借鉴人类所创造的优秀文明成果。[①]

（三）社会主义对于中国式现代化顺利推进发挥着关键作用

对于后发国家来说，比要不要推进现代化更重要的，是如何推进现代化。因此在现代化上的历史自觉与理论自觉就十分关键。

从中国看，现代化经验从先发国家到后发国家的传递对于后发国家具有至关重要的作用，但传递能否真正成功，关键在于后发国家是否具备特定的接受条件，社会主义对于中国顺利推进现代化发挥了关键作用。

后发国家对先发国家的学习与模仿，是人类现代化的重要方式和途径。但对于决定所谓先进经验到底是否有用或者具有多大用处的主要因素的探究，既往的答案往往是：主要决定于后发国家的学习吸收程度。也就是说，学习吸收得越彻底越充分，这些先进经验就越能发挥作用。现代化经验自先发国家向后发国家传递得越充分，后发国家的现代化就越容易成功；而传递是否充分，主要取决于后发国家在多大程度上接受这些经验。但是，事实并非如此。

应当肯定，西方发达国家的现代化经验中必然包含着许多对中国非常有启发的内容。但是也要辩证地认识到：一方面，它所包含的技术的、管理的等体现人类现代化一般规律的内容，对于中国顺利推进现代化是有益的，是具有启发作用的；另一方面，它所包含的那些难以体现人类

① 张乾元，苏俐晖：《新中国现代化建设道路的探索与道路自信》，《新疆师范大学学报（哲学社会科学版）》2019 年第 4 期。

现代化一般规律的内容，比如政治、意识形态、文化传统等方面的内容，如果不加鉴别地吸收，则可能产生十分不利的后果。因此，对中国来说，西方现代化经验具有两面性。理想的状况是，把那些有害的因素剔除出去，把那些有益的成分保留下来，从而形成一种良性的经验吸收。

正如毛泽东同志所言：我们的方针是，一切民族、一切国家的长处都要学，政治、经济、科学、技术、文学、艺术的一切真正好的东西都要学。但是，必须有分析有批判地学，不能盲目地学，不能一切照抄，机械搬用。他们的短处、缺点，当然不要学。①

实际上，实现这种设想并不是一件容易的事情。现实往往是很棘手的：两种要素往往同时并存、相互纠结在一起，吸收某一方面往往意味着必然接受另一方面。比如，西方式的市场经济往往导向西方式的政治法律制度，西方式的法律制度往往导向西方式的市场经济，而西方式的文化价值观必然离不开以上两者。

华林等人分析了中国加入世界贸易组织后面临的情形并指出：通过辩证考察可以发现，中国在更为直接和方便地吸收西方一切肯定的文明成果的同时，也进一步增加了在经济全球化进程中削减社会主义制度特征和价值原则的可能性。这样，就面临着以往社会主义实践所不曾经历的新的风险。孤军奋战于西方资本主义包围之中的社会主义中国若想坚持社会主义现代化道路，则所面临的形势更为严峻和复杂。一方面，由于苏联、东欧各国放弃社会主义走上资本主义道路，世界社会主义运动进入低潮，中国作为幸存的为数不多的社会主义国家之一成为西方资本主义的众矢之的。另一方面，中国选择市场经济作为迅速提高生产力水平的举措，以及为更快地发展生产力而加入世界贸易组织的行动，也使

① 《毛泽东文集》第7卷，人民出版社1999年版，第41页。

资本主义进行“和平演变”变得更为直接可行，确实在客观上增加了捍卫社会主义的制度特征和价值目标的复杂程度，也增加了被“西化”和“分化”的风险。如何在积极吸收资本主义文明的一切肯定的成果的同时，维护和完善社会主义的制度特征和价值目标，就成为特别需要加以关注的课题。①

对于这些“打包”而来的西方现代化经验，发展中国家的“过滤”经验和能力严重匮乏。这就是许多发展中国家现代化过程是西方化过程的重要原因，实际上也是发展中国家的现代化难以成功的重要原因。

中国为什么能够汲取西方现代化经验的有益成分而又没有被西方化？社会主义的制度机制和价值观念作为“抗体”发挥了关键的作用。具体来说，其间的机理在于：正是因为具有强大的对于资本主义社会后果的免疫力，中国才能够对西方现代化建设经验形成较强的吸收力，才能够比较成功地应用和推广西方现代化经验，最终熔铸成自己独特的现代化发展之路。再进一步明确说，中国式现代化成功证明了，现代化经验从先发国家到后发国家传递的关键，不在于后发国家主观上是否具有足够的接受诚意以及随之而来的接受行动，而在于后发国家是否在客观上具备建立在一定程度的“免疫力”基础上的吸收力。此中的辩证法在于，“免疫力”越是强大，越能抵御西方负面因素的冲击。

相比之下，恰恰由于缺少这种免疫力，许多发展中国家的现代化不得不停滞于某个发展阶段，陷入进退两难的境地。“没有西方的身，揣了西方的心”“没有西方的命，却得了西方的病”，是许多发展中国家的现代化困境。由此可以理解，社会主义对中国来说是一笔多么宝贵的财富。社会主义非但不是中国吸收先发国家现代化经验的障碍，反而作为

① 华林，赵秀文：《关于中国特色社会主义现代化的若干分析》，《马克思主义研究》2003年第2期。

一整套体制机制，提高了中国的吸收转化效能。再进一步说，社会主义自带应对西方现代性后果的种种基因，“社会主义现代化”这个名词中本就蕴含着中国道路的成功密码。邓小平深刻指出：现在我们搞四个现代化，是搞社会主义的四个现代化，不是搞别的现代化。[①]

在二战后两种社会制度的较量中，社会主义被认为是发展的障碍，而资本主义则被认为是现代化的阳关大道。特别是苏联解体、冷战结束后，这样的看法一度十分盛行。这样的看法，曾经深刻影响了许多发展中国家的选择，甚至也令一些社会主义国家出现了不够自信的现象，还产生了显著的理论和意识形态效应，使“历史终结论”一类言论在中国得到了广泛的反思和批评。然而历史发展的真实逻辑表明，在维护国家独立自主、推进国家现代化发展上，经过优化完善的社会主义的制度机制，比其他任何制度机制都作出了更为优良的表现。搞了“颜色革命”和资本主义的原社会主义国家后果普遍都不好，至今基本都在泥泞的道路上挣扎，也可以从另一方面证明这点。

现代化实质上是一个危险系数很高的历史进程。对于广大发展中国家来说，其最具挑战性之处莫过于在“积聚推进现代化的巨大发展动能”“合理释放发展动能”“有效治理现代化进程中的政治社会后果”之间实现动态战略平衡，并使现代化始终朝着正确方向前进。这种国家层面的现代重生，决然不是浪漫的、轻巧的、愉悦的。由此，制度资源与制度力量对于一个国家的现代化具有十分重要的作用。国家制度资源与制度力量的关键而独特的作用在于，为推进国家的现代化、管理现代化进程以及应对现代化后果提供了一个无可比拟的具有根本性的传感与处理系统。对于任何国家来说，这套传感与处理系统越完备，现代化过程

① 《邓小平文选》第3卷，人民出版社1993年版，第110页。

就越顺利，现代化就越容易取得成功。特别是，如果说先发国家在推进现代化的过程中，还可以一边推进现代化一边完善优化这套系统，那么对后发国家来说，几乎或根本不存在这样一种调整空间，因而后发国家的现代化更具有危险性。稍有不慎，满盘皆输，或者稍有差池，即陷于某种畸形的发展锁定状态而难以自拔。

基于长期的社会主义革命和建设以及改革开放的积淀，中国摸索建立并逐步完善了一整套后发国家实现现代化的追赶型制度模式，并且这套制度模式并非一成不变，而是不断优化升级的，保持了很高的灵活性、适应性。这套制度模式对于中国成功推进现代化当然起到了至关重要的作用。中国这套独有的国家制度与治理体系，自革命时代就开始孕育，新中国成立后开始形成和发展，在新时期逐步丰富和完善，在中国特色社会主义新时代又得到不断强化和推进，是当代中国发展进步的根本保障。

实践证明，中国特色社会主义制度和国家治理体系是以马克思主义为指导、植根中国大地、具有深厚中华文化根基、深得人民拥护的制度和治理体系，是具有强大生命力和巨大优越性的制度和治理体系。①

从推进现代化的角度看，中国特色社会主义制度与治理体系的主要优势在于：

其一，能够集中力量办大事，有利于解放和发展社会生产力。后发国家的现代化，如果不能够聚集起全社会的资源于最需要发展和突破的领域，也就是说，如果不能够实现具有战略意义的突破，那么国家的现代化就永远无法形成“追赶超越”的态势，长期持续地解放和发展生产力也就无从谈起。社会主义建设时期，中国集中力量发展重工业，改革

① 《中共中央关于坚持和完善中国特色社会主义制度 推进国家治理体系和治理能力现代化若干重大问题的决定》,《人民日报》2019 年 11 月 6 日。

开放初期，中国集中力量于沿海开放城市，体现的都是这种优势，并且都取得了巨大的成功。中国特色社会主义新时代，又实行新型举国体制。

其二，能够解决人民群众最关心的问题，有利于维护和促进社会公平正义。现代化无可避免地会带来以区域分化、收入分化为主要表征的社会成员的分化，如何应对和解决这种分化，十分考验国家的行动能力。对许多国家来说，社会成员的分化会被认为是“现代化的必然结果”或“现代化的必然代价”，从而只是象征性地解决或者干脆置之不理，就是想解决也“有心无力”“有心无法”。中国特色社会主义制度的优势在于，不但认为这是一个亟待有序解决的问题，而且能够动用制度的力量大规模地、长时间地解决这些问题。因而，中国的现代化既保持了快速的发展又没有出现以贫民窟为特征的现代化创伤、大面积的“社会溃疡”，这在全世界是罕见的。贫民窟实质上是一种持续存在的低烈度的人道主义灾难状态；作为一个外在可见的监测指标，贫民窟的面积、人口等要素，可以作为验证一个国家现代化水平的重要标准，从中可以照见一个国家的现代化良心。

其三，能够进行长期持续的战略规划，有利于实现稳定长久的发展局面。既关注短期目标又关注长期目标，并且能够使二者有机协同起来，是中国共产党治国理政的一个显著特点。之所以具备这样的特点，关键还在于，在中国特色社会主义制度和国家治理体系之下，在中国新型国家制度和新型政党制度的总体框架下，中国共产党执政地位的取得与存续超越了西方政治制度下的那种政党范畴，从而实现了党的执政与国家发展的持久性一体化。在党的执政与国家发展合为一体的情况下，对于国家发展的谋划，自然就不再拘泥于所谓的“任期”这样一种选举政治因素，而表现为根据国家发展目标和发展战略来进行长期规划。

这些特点和优势，非但其他发展中国家不具备，而且相当多的发达国家也不具备。正如习近平总书记所指出的:“实践证明，我们党把马克思主义基本原理同中国具体实际结合起来，在古老的东方大国建立起保证亿万人民当家作主的新型国家制度，使中国特色社会主义制度成为具有显著优越性和强大生命力的制度，保障我国创造出经济快速发展、社会长期稳定的奇迹，也为发展中国家走向现代化提供了全新选择，为人类探索建设更好社会制度贡献了中国智慧和中国方案。”①

总体来讲，早在新中国成立前夕，在中共七届二中全会上，毛泽东同志等就提出了许多推进国家工业化的构想。在社会主义革命和建设时期，我们党确立了社会主义基本制度，为现代化建设奠定了根本政治前提和物质基础；同时，为解决中国经济落后问题，我们党提出“四个现代化”的宏伟目标；开始独立自主地探索适合我国国情的社会主义建设道路。这是中国共产党执政以后治理国家，对中国实现现代化第一次作出的较为全面的战略性思考和主动性谋划，影响深远。作为中国共产党百年奋斗历史上一个重要的分期，“改革开放和社会主义现代化建设新时期”的主线就是全面建设社会主义现代化。中国共产党主动继承发展、推进拓展了“四个现代化”，为追赶世界现代化潮流，建立起了社会主义与现代化的本质联系，积极主动致力于全面实现“社会主义现代化”，且把中国特色社会主义作为实现社会主义现代化的必由之路，鲜明地把实现社会主义现代化作为中国特色社会主义的总任务之一，为中国式现代化提供了充满活力的体制保证和快速发展的物质条件。这一时期，西方现代化理论包括狭义现代化理论（20世纪50—60年代兴盛于美国的现代化理论）和广义现代化理论（基于西方工业化和民主化进程，研究因资本主义发展而在欧洲兴起的现代化运动和潮流）对我国产生了影响，

① 《继续沿着党和人民开辟的正确道路前进 不断推进国家治理体系和治理能力现代化》，《人民日报》2019年9月25日。

其中的“冷战意识形态”、“文明开化使命论”和“西方优越论”具有意识形态因素。对此，我们党主动提出要防止西方意识形态渗透。这一时期，对社会主义现代化道路的探索和实践形成的最大成果，就凝练为“中国特色社会主义道路”。中国特色社会主义进入新时代，具有划时代意义的全面深化改革的总目标之一，就是积极主动推进国家治理体系和治理能力现代化。如果说改革开放之初建设社会主义现代化主要是解放和发展社会生产力，那么，中国特色社会主义进入新时代所推进的全面深化改革，则主要是完善和发展中国特色社会主义制度、推进国家治理体系和治理能力现代化。其中提出的中国特色社会主义制度和国家治理体系，涉及的都是中国特色社会主义的“根”和“本”，是建设社会主义现代化的“根”和“本”，是全面性的、根本性的，具有“治本”性，其实践意义，就是以制度更好地治理国家，解决我国经济社会发展的动力机制和平衡机制问题。因而，这实质上是从“治本”意义上主动提出国家治理现代化。从“四个现代化”，经“社会主义现代化”，到“国家治理体系和治理能力现代化”，反映和体现的是我国实现现代化的历史演进逻辑。

总结中国实现现代化的历程可以看出，中国共产党掌握了中国实现社会主义现代化的根本和主动，那就是坚持党的领导、坚定先进思想引领、选择正确道路和以制度优势治理好国家。

第三节　在世界现代化进程中开创中国式现代化

现代化与现代性密切相关而又有区别。现代化是现代社会的客观社会历史运动，是现代性问题的社会历史背景，侧重于“历史维度”及其描述性，相对强调历史发展的连续性，主要是“历史学话语叙事”，是历史过程概念；现代性则是对现代化发展历程的根本属性、本质特征、呈现状态、价值理念、深远意义的哲学反思和规范评价，旨在对西方现代社会变迁予以引导，侧重于“价值维度”及其价值评价，相对注重历史发展的“断裂性”，展示社会的结构转型和文化转型，是“哲学话语叙事”，具有规范性和反思性。[①] 可基于现代化发展历程，从现代性维度揭示文艺复兴、启蒙运动开启的西方现代化之旅。

西方现代化主要是从启蒙运动开始的，工业革命和政治民主等是西方开启现代化运动的标志。西方现代化从启蒙现代性开启，之后演进的逻辑，便是从经典现代性经资本现代性批判和反思现代性，走向后现代主义。现代化运动是一种世界潮流，把世界各国卷入其中，实现现代化是世界各国的共同命运。西方现代化潮流对清朝末年的中国造成强烈冲击，中国开始一次次回应。洋务运动是晚清内部部分官僚在“器物”层面的回应。戊戌变法和辛亥革命是资产阶级在“制度”层面的回应。五四运动是先进知识分子在“文化”层面的回应。五四运动表明：解决中国现代化问题之关键，是必须有科学思想引领，必须有强有力的组织领导。罗斯托认为，在现代化起飞阶段，需要出现一个政治力量强大的团体，它将经济现代化视为严肃、高度有序的政治事务。[②]

中国共产党的诞生一改过去中国对西方现代化潮流冲击的被动防御为主动应对，对中国实现现代化具有决定性意义，从指导思想、领导力量、中国道路三方面掌握历史主动。[③] 中国共产党百年奋斗彰显出对实现社会主义现代化的不懈追求，从国家工业化推进到“四个现代化”，经“社

---

① 任剑涛：《现代性、历史断裂与中国社会文化转型》，《厦门大学学报（哲学社会科学版）》2001 年第 1 期。

② ［澳］鲍登：《文明的帝国》，社会科学文献出版社 2020 年版，第 87 页。

③《中国共产党第十九届中央委员会第六次全体会议文件汇编》，人民出版社 2021 年版，第 91-94 页。

会主义现代化”，到“国家治理体系和治理能力现代化”，体现了从生产力现代化，到社会主义全面现代化，再到国家治理体系和治理能力现代化的历史演进。

在这种演进中，道路问题是贯穿我们党在革命、建设、改革各个历史时期的根本问题。2021 年以来，习近平总书记先后提出“走自己的路”“中国特色社会主义道路”“中国式现代化新道路”“中国式现代化”四个重要范畴。[①] 学术界较少关注这四者之间的逻辑关系，有学者把中国式现代化新道路看作改革开放开创的中国特色社会主义道路的同义表达。若精准研读相关重要文献便会发现，这四个重要范畴是沿着历史逻辑、理论逻辑、实践逻辑逐一出场的，是历史逻辑步步递进和提升、理论逻辑和实践逻辑不断推进和拓展的关系，既在历史逻辑上一脉相承，也在理论逻辑和实践逻辑上与时俱进地推进和拓展；既不能割裂，也不能完全等同。

较早提出的是“走自己的路”。走自己的路之关键词是“自己的”。这一论断虽简洁，但具有三大实质意义：一是从“破”上力求破除对西方现代化道路和传统“苏联模式”的路径依赖，为开启走“自己的”路提供前提；二是从“立”上确立中国实现现代化“道路”问题上的“中国自主性”，为走“自己的”路提供自主性基础；三是从“走”上达到认识自觉，即无论“破”还是“立”，都意味着脚下的路坎坷曲折，需要具备守正创新的科学态度和勇毅前行的精神状态。显然，这是一种前提性、基础性的突破，着重体现了中国实现现代化的“自主性”，没有这种“自主性”，中国式现代化便无从谈起。

之后提出了“中国特色社会主义道路”。中国特色社会主义道路，

① 习近平：《在庆祝中国共产党成立 100 周年大会上的讲话》，人民出版社 2021 年版，第 13-14 页。

是“走自己的路”在改革开放和社会主义现代化建设新时期的具体体现，它源于又推进和拓展了“走自己的路”，赋予“走自己的路”新的具体内涵：一是把“自己的”转换为“中国特色社会主义”。既走“中国特色”之路，又走社会主义道路。二是确定了“中国特色社会主义道路”的基本内涵。其基本内涵就是“坚持以经济建设为中心，坚持四项基本原则，坚持改革开放，坚持独立自主”[①]。换一种表述方式，就是坚持“一个中心、两个基本点”的基本路线，坚持独立自主。其中最值得从学理上关注的，就是“基本路线”和“独立自主”。既要坚持党的“基本路线”不动摇，又要表达“自主性成长”的意思。三是从基本内涵中提炼出本质内涵。就是“坚持中国共产党的领导”、“坚持人民至上”和“坚持社会主义市场经济体制”。党的基本路线中有坚持四项基本原则，坚持四项基本原则中有“坚持中国共产党的领导”，何况中国共产党领导是中国特色社会主义最本质的特征，是中国特色社会主义制度的最大优势；坚持四项基本原则中也有坚持社会主义道路，社会主义道路本质上就是创造人民美好生活、实现中华民族伟大复兴之路[②]，这是“坚持人民至上”理念的体现。党的基本路线中也有坚持以经济建设为中心，坚持改革开放，它们都与构建高水平社会主义市场经济体制本质相关。四是坚持中国特色社会主义道路，既要坚定不移又要守正创新。坚定不移，就是坚持道不变、志不改，守正创新，就是既不走封闭僵化的老路（创新），也不走改旗易帜的邪路（守正）。[③] 确立中国特色社会主义道路意义重大，它是党和人

① 习近平：《高举中国特色社会主义伟大旗帜 为全面建设社会主义现代化国家而团结奋斗——在中国共产党第二十次全国代表大会上的报告》，人民出版社 2022 年版，第 27 页。

② 《中国共产党第十九届中央委员会第六次全体会议文件汇编》，人民出版社 2021 年版，第 98 页。

③ 习近平：《高举中国特色社会主义伟大旗帜 为全面建设社会主义现代化国家而团结奋斗——在中国共产党第二十次全国代表大会上的报告》，人民出版社 2022 年版，第 27 页。

民在“走自己的路”的问题上，历尽千辛万苦、付出巨大代价取得的根本成就[①]，它在坚持自主性的同时，又赋予、拓展了中国实现现代化的内涵。由自主性到内涵，就是一种创造性生成、推进和拓展。

其后，提出了“中国式现代化新道路”。中国式现代化新道路是从对中国特色社会主义道路的推进和拓展角度讲的，它源于并进一步推进和拓展了“中国特色社会主义道路”。“源于”，是说中国特色社会主义道路本质上就是实现社会主义现代化的道路，中国式现代化新道路就是从中国特色社会主义道路中“走”出来的，中国特色社会主义道路是来源和基础。“进一步推进和拓展”包括以下含义：

（1）“中国式”是从“中国特色”中创造性地转换、提升出来的。“中国特色”表达的是蕴含中华文化，体现中国国情，具有中国特点，“中国式”则把这种中华文化、中国国情、中国特点提升为一种中国范式，它是相对于西方现代化范式而言的。这是一种更为规范的表述，表达的是世界现代化的一种类型，因而具有类型学意义；它可以与西方现代化处在同一时空进行平等对话，因而具有对话传播意义；它表明在世界现代化进程中“有我”的存在及其世界意义，能强化我们在现代化问题上的主体性和自信心。

（2）“现代化”是从“社会主义”中转化、凝练出来的。西方曾经质疑“中国特色社会主义”是国家资本主义、权贵资本主义等，否认“中国特色社会主义”与现代化的本质联系。针对这种质疑，我们郑重声明，“中国特色社会主义”在本质上就是实现社会主义现代化的根本道路。既然如此，就可直接使用中国式“现代化”这一话语，并建立起“中国式现代化”与社会主义现代化的本质联系。中国式现代化是社会主义现代化，

---

① 《习近平谈治国理政》第3卷，外文出版社2020年版，第13页。

它区别又高于西方资本主义现代化，因为它既要克服西方资本主义现代化的历史弊端，又要注重避免改革开放之初我国社会主义现代化建设中所经历的曲折。显然，“现代化”，既是为了更为明确地把中国特色社会主义道路确定为实现社会主义现代化之道路，也是为了突出现代化。

（3）“新”在一定场景和语境中有其独立存在的价值。这里的“新”是相对于三方面而言的。一是相对于西方现代化而言的新，它为人类实现现代化开辟出一种新的范式或类型，打破了那种把现代化完全等同于西方化的迷思，也努力克服西方现代化道路的弊端。二是相对于我国改革开放之初“中国式的现代化道路”而言的与时俱进意义上的新。“中国式现代化新道路”是在改革开放之初所讲的“中国式的现代化道路”基础上推进拓展出来的。改革开放之初，邓小平明确提出：“要在本世纪内实现四个现代化，把我国建成一个社会主义强国，这是一个非常艰巨的任务。过去搞民主革命，要适合中国情况，走毛泽东同志开辟的农村包围城市的道路。现在搞建设，也要适合中国情况，走出一条中国式的现代化道路。”①我们叫中国式现代化，就是把标准放低一点，目标是小康社会，邓小平又指出，“这个小康社会，叫做中国式的现代化”②。这些阐述表明，邓小平强调的“中国式的现代化道路”有两层含义，即“适合中国情况”和“建成小康社会”。当今习近平总书记所讲的“中国式现代化新道路”，同样强调要“适合中国情况”；同时也要看到，习近平总书记所讲的“中国式现代化新道路”，既在积极避免改革开放之初中国式的现代化道路建设中所付出的代价，又是明确对接“新时代”的，其目标是指向建设社会主义现代化强国、全面推进中华民族伟大复兴。习近平总书记指出：“我们坚持和发展中国特色社会主义，推动物质文明、

① 《邓小平文选》第2卷，人民出版社1994年版，第163页。
② 《邓小平文选》第3卷，人民出版社1993年版，第54页。

政治文明、精神文明、社会文明、生态文明协调发展，创造了中国式现代化新道路，创造了人类文明新形态。”[①] 这里，“两个创造”是坚持和发展中国特色社会主义并推动“五大文明”之“果”，坚持和发展中国特色社会主义并推动“五大文明”是“两个创造”之“因”。显然，注重“五大文明”协调发展是党的十八大以后提出的概念和论断，是对改革开放之初实践上那种相对注重物质财富增长和人民基本需求满足的“中国式的现代化道路”的推进和拓展。三是相对于中国现代化发展在世界现代化发展进程中的地位而言的新。在世界现代化发展进程中，过去我国曾存在所谓的“被开除球籍的危险”，用学理话语表达，就是“世界失我”；在总结社会主义现代化建设经验教训的基础上，我们“确立自我”，在实现现代化道路问题上，中国具有了自主性，坚定不移走“中国特色社会主义道路”，而且这条路走得通、走得快、走得稳、走得好、走得宽，使中国大踏步赶上了时代[②]，赶上了世界现代化发展潮流，用学理话语表达，就是“世界有我”（有些学者称改革开放前后我国的现代化建设为“现代化在中国”）；中国特色社会主义进入新时代，我们进一步创造了中国式现代化新道路，拓展了发展中国家走向现代化的途径，给世界上那些既希望加快发展又希望保持自身独立性的国家和民族提供了全新选择，为解决人类问题贡献了中国智慧和中国方案。[③] 因此，中国式现代化新道路打破了世界现代化问题上的“话语霸权”，也在一定意义上蕴含“世界向我”的趋向（有些学者称之为“中国式现代化在世界”）。从“世界失我”到“世界有我”再到“世界向我”，表明中国式现代化新道路

---

① 习近平：《在庆祝中国共产党成立 100 周年大会上的讲话》，人民出版社 2021 年版，第 13-14 页。

② 《习近平总书记在出席庆祝中华人民共和国成立 70 周年系列活动时的讲话》，人民出版社 2019 年版，第 5 页。

③ 《习近平谈治国理政》第 3 卷，外文出版社 2020 年版，第 8-9 页。

在世界现代化发展历程中不断彰显其步步提升的新地位，也彰显了中国实现现代化的“世界性意义”。就此而言，提出中国式现代化新道路，具有其独特的历史内涵和存在的特殊价值。

党的二十大报告又提出了“中国式现代化”，进一步推进、拓展和提升了中国式现代化新道路。党的十八大以来，我们党在理论和实践上的创新突破，可聚焦和提升为成功推进和拓展了中国式现代化。既体现在它跳出了仅从道路来谈中国式现代化的圈子，拓展为从更为广阔理论、制度、文化等维度把握中国式现代化发展进程；又体现在它把新中国成立、改革开放，尤其是党的十八大以来中国实现现代化的实践经验上升到理论建构，从创新突破、中心任务、性质方向、共同特征、中国特色、本质要求、重大原则等方面，总体上建构起中国式现代化的理论体系和话语体系；还体现在我国在现代化问题上从过去的“话语依赖”走向新时代的“话语自主”，掌握了中国在实现现代化方面的话语权。这一系列的创造性推进和拓展，就集中体现为中国共产党成功创造和推进了中国式现代化。

一个值得寻味的问题是，中国为什么不但没有掉入西方现代化模式的强大“漩涡”，反而创造出中国式现代化？一是中国共产党具有决定性作用，科学处理了普遍和特殊的辩证关系。中国共产党的诞生是马克思列宁主义与中国工人运动相结合的产物，中国共产党人为改变旧中国接受了马克思主义，马克思主义的内在本质要求把马克思主义基本原理同中国具体实际相结合、同中华优秀传统文化相结合。二是近代以来的中国历史和实践表明，只有适合中国历史文化传统、基本国情并有助于实现中华民族伟大复兴的道路，才能在中国根深叶茂。西方现代化模式不适合中国历史文化传统和基本国情，难以实现我们的奋斗目标，还存在霸权主义等诸多弊端，这正是中国式现代化所避免的。三是在新民主主义革命时期，中国深受“三座大山”压迫，导致落后，历史教训告诫我们，不能沿袭西方现代化模式，必须走自己的路。

第四章　中国式现代化的理论形态

中国式现代化在实践方面的演进历程，从最初受西方现代化潮流冲击而在“器物”“制度”等层面开启被动防御性回应，到中国共产党诞生后对西方现代化潮流冲击积极主动应对，再到新时代以来中国历史性地在世界现代化进程中开创出中国式现代化，实现了由现代化在中国到中国式现代化在世界的伟大飞跃。这种飞跃会以理论的方式呈现出来。

2023 年 6 月，习近平总书记在文化传承发展座谈会上首次提出“中国式现代化的文化形态”[①] 这一命题。自然，也必然有一个“中国式现代化的理论形态”问题。这一理论形态，党的二十大报告从政治维度已经初步地建构起来，当然还需要从学理维度进一步发展、丰富和完善，并进行深入的论证。基于此，在梳理完中国式现代化的历史逻辑之后，继而应当从理论层面对其进行系统深入的阐述，这实质上是在诠释中国式

① 习近平：《在文化传承发展座谈会上的讲话》，《求是》2023 年第 17 期。

现代化的“理论逻辑”。

习近平总书记指出：“推进理论的体系化学理化，是理论创新的内在要求和重要途径。”[①]纵观人类社会发展史和思想史，凡是具有历史意义和时代价值的重要思想理论，均具有体系化、学理化特质。体系化、学理化，既是重要思想理论形成发展的一般规律，也是重要思想理论科学性的基本标准。因此，学理化建构，既是揭示和阐释思想理论体系科学内涵的基本方法，也是昭示和体现思想理论体系时代价值的内在要求。

从历史发生学角度看，基于中国社会主义建设道路的探索和社会主义现代化建设道路的历史演进，中国式现代化的理论形态，沿着“中国式现代化的实践探索—中国式现代化命题的正式提出—中国式现代化理论的形成发展—中国式现代化的理论形态的初步建构”这一历史逻辑而出场。从中国思想理论建构和意识形态建设演进角度看，针对西方先行开启和推动的现代化理论谱系，中国式现代化的理论形态从学理上正是在“西方中心论”占据中心和统治地位的背景下，在与“西方中心论”的较量中，所作出的历史自觉和自主选择。[②]在一定意义上，中国式现代化的理论形态正是针对“西方中心论”的理论体系而出场并建构起来的，它区别于又超越于“西方中心论”的理论体系，是解构“西方中心论”的一把利剑。总体来讲，“西方中心论”是扩大了的欧洲中心主义，是欧洲中心主义自身逻辑与权力体系的放大[③]，它既与资本主义的全球性扩展具有同构关系，又将非西方视为西方扩展和殖民的对象，因而具有强烈而鲜明的霸权意识。黑格尔对欧洲中心主义乃至“西方中心论”作出了

① 习近平：《开辟马克思主义中国化时代化新境界》，《求是》2023年第20期。

② 无可否认，西方开启的现代化对推动人类文明进步和世界历史发展，发挥过积极作用。

③ 邹诗鹏：《马克思对欧洲中心主义的批判与超越》，《哲学研究》2018年第9期。

最为系统、深入和精致的哲学论证。“西方中心论”，是由“线性道路”“单数文明”“种族优越”“为我人性”“社会进化”“理性尺度”“普世价值”“开化使命”“美丽神话”“唯一哲学”等核心要素所建构起来的理论体系与意识形态。马克思的东方社会发展道路理论，列宁对经济文化落后的俄国向社会主义过渡道路的探索，中国共产党人提出的“走自己的路”“中国特色社会主义道路”“中国式现代化新道路”“中国式现代化”等，就是批判和超越“西方中心论”的中国式现代化理论成果。中国式现代化，就是反思“西方中心论”的叙事逻辑而向人类实现现代化展现出的全新的文明图景。中国式现代化的理论形态，以思想的力量，不仅打破了“西方中心论”的话语霸权，而且在实践上引领中国式现代化的发展，为人类实现现代化提供了新的选择。基于上述理解，从学理上建构中国式现代化的理论形态就成为进一步完善中国式现代化理论体系的基本进路。

完整地且从学理上来讲，直面且针对“西方中心论”，中国式现代化的理论形态及在此基石上建构起来的中国自主的知识体系，是基于以下十大要素或标识性范畴及其内在逻辑建构起来的。

第一节　道路多样：中国式现代化内蕴发展道路的多样性

“西方中心论”认为，西方现代化道路是世界各国实现现代化的普遍的、唯一的道路，世界各国要实现现代化，必须走西方现代化道路，就是我们所说的“自古华山一条路”。这种理论观点只看到现代化的普遍性而忽视了其特殊性。

实际上，任何样式的现代化都是普遍性和特殊性的统一。毫无疑问，中国式现代化与其他各国现代化具有共同特征。从横向一般要素来讲，在从农业社会向工业社会转变的社会结构之历史变迁进程中，任何国家搞现代化都必然注重工业化、城市化、全球化，注重市场经济、科学技术，注重民主法治、公平正义、自由平等。改革开放以来，我国社会主义现代化建设从总体上也注重这些一般要素。[①] 从纵向发展规律来看，任何国家搞现代化都必须遵循现代化发展的一般规律。如何揭示现代化发展的一般规律？这是学术界还需要进一步深究的一个重要理论问题。窃以为，世界各国现代化发展的一般规律，简要来说，就是现代化起飞阶段相对注重发展动力，持续运行阶段相对注重发展的平衡和谐，当发展动力不足、发展失衡时，就要注重治理。中国式现代化，也可遵循这条一般规律。

习近平总书记指出，“每个国家和民族的历史传统、文化积淀、基本国情不同，其发展道路必然有着自己的特色”[②]。他把发展道路问题置于“四个讲清楚”的首位，彰显了走什么样的发展道路之于现代化的前提性意义。各个国家搞现代化，也必然具有本国特色。中国式现代化的发展道路集中体现为“多样性”，可谓“条条大路通罗马”。当今世界，最具世界影响力的现代化，是西方现代化和中国式现代化。针对西方“以资本为中心、两极分化、物质主义膨胀、对外扩张掠夺，并以其他落后国家为代价”的资本主义现代化，为解构西方现代化的“线性史观”及其“线性道路”，中国式现代化的本质特征集中体现为“中国特色”。这是中国式现代化的“多样性”“生成”逻辑，它从“生成”路径上回答了中国式现代化“是什么”的问题。

---

① 当时，中国许多学者都把现代化看作工业化（industrialization）。

② 《胸怀大局把握大势着眼大事 努力把宣传思想工作做得更好》，《人民日报》2013 年 8 月 21 日。

“一般只能在个别中存在，只能通过个别而存在”，“任何个别都不能完全地包括在一般之中”[①]。在理论上，中国式现代化坚持历史发展道路的多线性和走社会主义道路的多样性，认为任何国家最终都要走向现代化，但都要尊重本国的国情、历史、文化、传统和实际，选择适合本国国情、能够解决本国问题的自主发展道路，中国决不能“用西方的鞋套中国的脚”，“用西方的公式剪裁中国的现实”，“耕了西方地，荒了中国田”；否则，就会适得其反。在实践中，中国式现代化强调要符合中国具体实际，坚持走自己的路，具有中国特色，这就是中国共产党领导的社会主义现代化，是人口规模巨大的现代化，是全体人民共同富裕的现代化，是物质文明和精神文明相协调的现代化，是人与自然和谐共生的现代化，是走和平发展道路的现代化。[②]这就深刻揭示了中国式现代化的科学内涵及其本质特征，揭示了中国式现代化的本和源、根和魂。在历史上，回溯对中国式现代化艰辛探索的历程，探析中国式现代化实践生成的坚实足迹，盘点中国式现代化的人类文明意蕴，我们不难发现，中国式现代化在定义或规定其现代化发展道路的选择上，在定义或规定其本质要求和重大原则上，具有强烈的历史规律意识和历史主体意识，内蕴历史发展的普遍性和特殊性统一、连续性和阶段性统一、进步性和曲折性统一，以及历史发展道路的多线性。

中国式现代化道路的特殊性，主要体现为政治基础的特殊性，即历史和人民选择的中国共产党领导的社会主义现代化；历史和文化基础的特殊性，即中国式现代化有深厚的文化根基和历史传统；现实基础的特殊性，即人口规模巨大的现代化；本质特征的特殊性，即本质上不同于

---

① 《列宁选集》第 2 卷，人民出版社 2012 年版，第 558 页。

② 习近平：《高举中国特色社会主义伟大旗帜 为全面建设社会主义现代化国家而团结奋斗——在中国共产党第二十次全国代表大会上的报告》，人民出版社 2022 年版，第 22-23 页。

西方那种“以资本为中心、两极分化、物质主义膨胀、对外扩张掠夺，并以其他落后国家为代价”的资本主义现代化；理论基础的特殊性，即“两个结合”所形成的中国化时代化的马克思主义；哲学基础的特殊性，即“主主平等、普惠”（对此，后文作详细分析）；实践愿景的特殊性，即牢牢把握五个重大原则[①]，致力于全面建成富强民主文明和谐美丽的社会主义现代化强国。

在学理上，可从四大逻辑进一步深化对中国式现代化本质特征的理解：（1）政治逻辑是中国共产党领导的社会主义现代化。它体现了社会主义的本质要求。这就在性质和方向上与西方现代化区别开来。（2）时代逻辑是“强国时代”。这是我国发展起来以后走向强起来的时代，亦即是全面建成社会主义现代化强国、实现中华民族伟大复兴的时代（或强国建设、民族复兴），中国式现代化的五个本质特征，就是对接新时代大国成为强国的“强国时代”的，它是大国成为强国即实现强起来的现代化。（3）现实逻辑是人口规模巨大。这意味着中国式现代化与西方现代化不同，其艰巨性和复杂性前所未有，其发展途径和推进方式也不同于西方现代化，因而整体迈进现代化社会不能急于求成，要保持历史耐心，坚持稳中求进、循序渐进、持续推进。（4）理论逻辑是新发展理念。贯彻以创新发展、协调发展、绿色发展、开放发展、共享发展为核心内容的新发展理念，是新时代我国发展壮大的必由之路，这是我们在长期实践中得出的至关紧要的规律性认识。[②] 全体人民共同富裕的现代化与“共享发展”本质相同，物质文明和精神文明相协调的现代化与“协调发展”

① 五个重大原则是：坚持和加强党的全面领导，坚持中国特色社会主义道路，坚持以人民为中心的发展思想，坚持深化改革开放，坚持发扬斗争精神。

② 习近平：《高举中国特色社会主义伟大旗帜 为全面建设社会主义现代化国家而团结奋斗——在中国共产党第二十次全国代表大会上的报告》，人民出版社 2022 年版，第 70 页。

本质相通，人与自然和谐共生的现代化与“绿色发展”本质相关，走和平发展道路的现代化与“开放发展”本质对接，人口规模巨大的现代化内在要求充分发挥亿万人民的创造伟力与“创新发展”本质相连。

中国式现代化道路，蕴含现代化发展道路的多样性、创新性、独特性和自主性，它是“世界现代化道路”的一种新的范式和类型，具有世界意义。中国式现代化深深植根于中华优秀传统文化、历史传统与中国国情，体现了科学社会主义的先进本质，借鉴吸收人类文明一切优秀成果，代表人类文明进步的发展方向，展现了不同于西方现代化模式的新图景，打破了“自古华山一条路”式的对“现代化＝西方化”的迷思，强调“条条大路通罗马”，创新性地走出一条不同于西方现代化道路的新型现代化道路，拓展了发展中国家走向现代化的路径选择，也为人类实现现代化提供了新的选择。

这在实质上是倡导非线性史观和现代化观，区别于“西方中心论”的线性史观和“西方现代化道路是唯一现代化道路”的道路观，是中国式现代化的“道路存在”。

第二节　文明互鉴：中国式现代化传承发展新时代中华文明

审察长期以来普遍流行甚至根深蒂固的关于文明形态的理论，无论是以社会形态为论据的“五形态”说，以技术形态为论据的渔猎、农业、工业文明“三形态”说，还是以传统－现代二分为论据的“二形态”说，都认为文明具有唯一性、同一性、单线性、确定性、规范性。“西方中心论”认为文明形态具有一元性、单数性，进而认为文明只属于西方，先发现代化的“优越民族”就站在了人类文明发展的制高点上，具有了解释世界如何运转、历史如何进步的话语权，而非西方的“非文明民族”则属于需要文明开化的“野蛮、愚昧民族”，这在实质上奉行的是“单数一元文明”。

针对这种臆造出来的“单数一元文明”，中国式现代化作为一种人类文明在中国的具体实现形式，主张文明是从“真善美”角度对社会和人的发展进步进行总体性描述的，本质上是一个“事实判断”，因而主张文明具有多样性，应当互学互鉴，这可称为“复数”文明观。这是中国式现代化的“文明”逻辑，主要回答中国式现代化如何彰显“人类文明”问题。

中国式现代化的本质要求之一，是创造人类文明新形态。这是对中国式现代化的文明形态的明确宣示和集中表达。结合上述理解，我们尝试从本源、关系、过程、结构、功能五个方面，展开对中国式现代化的文明形态之科学内涵及其深层逻辑的学理阐释。

本源意义上，它揭示的是其本体性存在。文明的本体论基点是“人”之真善美，而不是“物”，是基于“为他”的整体人类社会和人的发展进步亦即普惠。我们不能因为文明进程的推进而忘却和忽视“人”这个原点，忘却和忽视文明是对愚昧、野蛮、丑恶的摒弃，是对“真善美”坚持不懈的“元”追求，是其积累起来的积极成果。为此，中国式现代化所秉持的文明观具有四大要素：对创新动力、创新能力、创新活力的不懈追求及其积累起来的积极成果；对平衡、和谐的不懈追求及其积累起来的积极成果；以德治和法治的协同使世界与国家、社会得到有效治理；对人类、群体、个人与世界、国家或民族、社会等发展进步的追求且达至共生共进共享进而井然有序，使人人过上美好生活。

关系意义上，它揭示的是其关系性存在。任何事物都处在各种关系构成的系统之中，文明主要是通过在与文化关系的辨析中加以把握的。文明和文化都是难以厘清的概念，二者有着直接和复杂的关系，人们时常将二者等同，时而也把二者对立。其实，在作为“人化”的产物以及均具有“化人”的功能这两个方面，二者具有相通之处。然而，当务之急是厘清文化和文明的区别。这不仅能深化对文化和文明问题的理解，而且也会推进文化和文明理论上的创新突破。

哲学是文明活的灵魂。我们既可以从考古学、文字学方面推进文明探源工程，也可以从哲学入手推进文明探源工程。现在更加需要强调的是，从哲学意义上讲，文明和文化具有重要的区别。

一是相对性不同。文化主要是相对于未经人的活动外化的“原始自然”而言说的，讲的是“人化自然”“人化事物”，是人的内在本质力量的对象化。就此而言，它定义了文化含义的基本走向。文明则是相对于未经开化的“野蛮”“丑恶”而言说的，说的是人类追求“真善美”的发展进步过程和结果。就此而言，它定义了文明含义的基本走向。正像鲍登在《文明的帝国》一书中所说的：传统上，文明的对立面是野蛮。[①]

二是哲学基础相对不同。文化的哲学基础是知识论，主要与认识世界相关。它相对侧重于人和物的关系框架中的“人化事物”或“人化为物”，相对注重运用文化知识、技术技能做事化事，注重外化于事物，主要坚持事物尺度。“理性”“知识”“技艺”“科学技术”“社会财富”，是其常用范畴。文化也有“化人”之义，即注重使“自然人”掌握文化知识和技术技能进而适应社会，把“自然人”化为“社会人”。然而，文化之“化人”和“人化”有积极和消极两个方面，积极方面是通过把文化转化为文明而化人和化物。教育的功能在于“化人”，既化为“文化人”，又化为“文

① ［澳］鲍登：《文明的帝国》，社会科学文献出版社 2020 年版，第 16 页。

明人”，然而，当今我们的教育重“文化人”有余而重“文明人”不足。文明的哲学基础主要是价值哲学和道德哲学，主要与改造世界和教化人相关。它相对侧重于人和人的关系框架中的“化人”，即使人成为“人”的积极成果（由自然人到社会人再到具有健全人格的人），是一种人类“开化”“教化”性的自我约束、自我完善、自我进步，相对注重化人做人且为他，注重内化于人、化人为善，主要坚持人的尺度。“德性”“德行天下”“善治”“伦理道德”“民主法治”“公平正义”，是其常用范畴。它也有“人化”因素，但它是人化过程中因人性进步而注重“为他”的发展进步的积极成果。这里，文化不完全等于文明，文明也不完全等于文化，文化中蕴含文明但不都是文明，文明中有文化但不等于所有的文化，即文明是“文化之善”，是文化成果中有益于人性进步且化人为善的进步方面；文明高于文化，因为西方文化在一定意义上会异化为野蛮，而文明特指化人为善、利他进步的事实。福泽谕吉指出：在未开化的野蛮时代，支配人们关系的，唯有道德。[①]

三是侧重点相对不同。文化是基于民族性和地域性的一个概念，相对强调民族自我、民族特质、民族差异和民族认同，它看重传统，注重边界。人们常说的欧洲文化、中国文化、印度文化便是如此。文明当然也会呈现出民族特色及其独特性，但从整个人类发展进步来讲，它更加注重民族之间的统一性、交融性、互鉴性，注重民族或地域文明所具有的世界意义，它超越边界，看重人性进步和人类进步。我们在一定意义上所讲的农业文明、工业文明、生态文明，就是如此。

四是作用相对不同。文化有先进落后、好坏优劣之分，落后的文化会阻碍人类与国家、社会的发展进步包括文明的进步。我们所讲的“代

① ［日］福泽谕吉：《文明论概略》，商务印书馆 1995 年版，第 108 页。

表中国先进文化的前进方向”“中华优秀传统文化”，就表明文化有“先进”和“落后”、“优秀”和“粗劣”之分。基于事实且作为描述性概念的文明，是人类发展和文化发展之演进中沉淀下来的有助于人性进步、人类进步、国家进步、社会进步的积极成果，是文化中的先进方面和状态，适合整个人类共用，正如习近平总书记指出：“世界上不存在十全十美的文明，也不存在一无是处的文明”[①]，但“文明没有高下、优劣之分，只有特色、地域之别”[②]。尼采认为：文明无非是精神纪律、自我克制；相反，文化则可以同社会颓废现象密切联系在一起。[③]

五是所在方式相对不同。文化之本，是一定地域的人的生产方式、生活方式、行为方式、思维方式的“样式”呈现，是一个国家、民族的存在样式，不可复制，如中华文化等。文明之本，则是一个国家、民族之生产方式、生活方式、行为方式、思维方式，以及存在样式的“形象”呈现，是一个国家、民族发展进步事实的积极呈现状态，如政治文明等。

过程意义上，它揭示的是其过程性存在。哲学层面的文明演进过程，侧重于人类交往范式的历史变迁。[④]依据马克思社会发展和人的发展“三形态”理论，可以把这一过程描述为基于“人的依赖”的“主客混体”文明范式—基于“物的依赖”的“主客二分”文明范式—基于“每个人自由全面发展”的“主主平等”文明范式。

结构意义上，它揭示的是其结构性存在。我们可以也应当将文明置于人与世界的关系结构中来理解。中国式现代化的文明观，在人和物的

① 《习近平著作选读》第1卷，人民出版社2023年版，第229页。

② 习近平：《在中华人民共和国恢复联合国合法席位50周年纪念会议上的讲话》，《人民日报》2021年10月26日。

③ ［澳］鲍登：《文明的帝国》，社会科学文献出版社2020年版，第47页。

④ ［澳］鲍登：《文明的帝国》，社会科学文献出版社2020年版，第233页。

关系上就是大力发展物质文明，进而实现共同富裕；在人和人的关系上就是人际文明，把人当作目的；在人的身心关系上就是精神文明，实现精神充盈丰富；在人和自然的关系上就是生态文明，走向人与自然和谐共生；在人和社会的关系上就是社会文明，注重公平正义、善治良序；在人和国家的关系上就是政治文明，注重德法并治、人民民主。

功能意义上，它揭示的是其功能性存在。中国式现代化的文明观倡导文明进步评价标准的同一化（不是“双标”）、评价主体的公正化（避免话语垄断）、评价方式的正义化（利于人类进步）、评价话语的共识化（不是唯我独尊），防止借话语权而把文明异化为野蛮，反对借主导“文明标准”的制定而演化为帝国殖民扩张。[①] 鲍登指出：“‘文明’……是一个既可描述现实又能塑造现实的概念”，“‘文明’这一术语的力量相当之大，既可用于赞扬，亦可用来谴责”[②]。

中国式现代化立足人类社会，发展了新时代的中华文明，这是一种不同于传统西方文明、传统中华文明的人类文明新形态。它在实质上强调文明互学互鉴，推崇的是多元复数文明观，区别于又超越于“西方中心论”的“单数文明”，是中国式现代化的“文明存在”。

第三节　民族特质：中国式现代化彰显中华民族的鲜明特质

西方所强调的现代化的一般样态、共性特点，或者剥离现代化的民族属性、民族特质且强调现代性，或者强调“种族优越”，其实质是为“西

① ［澳］鲍登：《文明的帝国》，社会科学文献出版社 2020 年版，第 15 页。
② ［澳］鲍登：《文明的帝国》，社会科学文献出版社 2020 年版，第 9、10 页。

方中心论”辩护的。针对“西方中心论”中的“种族优越”观，我们强调中国式现代化的民族特质，就是强调中华文明最能体现中华民族的突出特性。这是中国式现代化的“民族性”逻辑，主要回答中国式现代化的“根脉”问题。

有学者强调:“民族国家是国家与民族的结合”[①]。在一般意义上，不同民族都具有彰显各自特点的自然条件，包括地理环境，语言文字，历史传承如文化传统、道德习俗，社会状况如经济实力、文化实力、政治影响力等，这些因素的内在联系和综合作用，必然造就一个国家不同的民族特性。作为“两个结合”的理论创新最新成果，中国式现代化的理论形态根植于中华民族深厚的文明沃土，引领谱写中华文明新篇章，致力于现代化强国建设和中华民族伟大复兴，从而赋予自身深刻而鲜明的中华民族文化特质和中华民族突出特性，成为中华文化和中国精神的时代精华的现代化篇章。“中华优秀传统文化有很多重要元素，……共同塑造出中华文明的突出特性。”[②] 习近平总书记在2023年文化传承发展座谈会上发表重要讲话，首次系统而深刻地阐明了中华文明具有突出的连续性、创新性、统一性、包容性、和平性等五个特性。这既是对中华文明突出特性的新阐发，也是我们理解和把握中国式现代化之民族特质、民族底蕴的根本遵循。

生生不息的生命基因彰显中华民族突出的连续性。这是在历史进程上，将中国式现代化置于人类发展的历史长河中，在与其他现代化形态比较中揭示中国式现代化所具有的强大生命力的民族之源。中国式现代化的生命源头和历史根基发祥于中华民族的生产生活实践，这不仅体现

① Hans-Rudolf Wicker, Rethinking Nationalism and Ethnicity: The Struggle for Meaning and Order in Europe, Oxford: Berg, 1997, p.61.

② 习近平:《在文化传承发展座谈会上的讲话》,《求是》2023年第17期。

为天然封闭的地理环境所提供的防御外敌入侵屏障，多子多福观念形成的规模化的人口资源所提供的维系社会生产的基本资源，与大自然和平共处形成的自然经济所提供的生存和生活资料，也体现为延绵不绝的礼教和宗法所维系的大一统政治社会及其超稳定的社会结构。中国式现代化的生命养分和现实根基来源于中华民族创造的丰厚充盈的文明成果、一脉相承的优秀文化基因、接续创造的博大文明成果，特别是近代以来在先进的中国人探索的基础上中国共产党带领中国人民创造的巨大物质财富和精神谱系，为中国式现代化提供了坚实支撑。因而，“中国式现代化是赓续古老文明的现代化，而不是消灭古老文明的现代化；是从中华大地长出来的现代化，不是照搬照抄其他国家的现代化；是文明更新的结果，不是文明断裂的产物”①。中国式现代化的生命精神和价值根基来源于马克思主义，植根于中华优秀传统文化。这主要体现为中华民族始终是一个自强不息、奋斗进取的文化生命体，“生于忧患，死于安乐”的民族忧患意识、“走自己的路”的民族自信精神、“自强不息”的民族奋斗意志等，是其鲜明表达和集中体现。因而，中华优秀传统文化的宇宙观、天下观、社会观、道德观，是中国式现代化的重要思想资源，滋养了中国式现代化独特的世界观、价值观、历史观、文明观、民主观、生态观②，赋予了中国式现代化强大的历史自信和文化自信。

兼容并蓄的体系结构彰显中华民族突出的包容性。这是在体系性意义上，将中国式现代化置于人类思想演变的历史长河中，在与其他现代化形态比较中揭示中国式现代化所具有的鲜明体系性的民族之源。中国式现代化的理论形态的相对独立性及其与中国特色社会主义理论体系、习近平新时代中国特色社会主义思想之间的内在联系性，中国式现代化

① 习近平：《在文化传承发展座谈会上的讲话》，《求是》2023 年第 17 期。

② 汪信砚：《从中华大地长出来的现代化》，《人民日报》2023 年 8 月 28 日。

的理论形态在学科上贯通哲学、政治经济学、科学社会主义，在领域上覆盖经济、政治、文化、社会、生态、科技、军事、外交、党建等，在立场观点方法上相互支撑，从而形成科学的理论体系，都与中华民族以儒家思想为主、以道释法等为辅的兼容并蓄的文化基因和特质，与“多元民族文化”“一体中华文化”并存共处的中华民族文化历史，是一脉相承的。习近平总书记强调：“要不断深化理论研究阐释，重点研究阐释我们党提出的新理念新论断中原理性理论成果，把握相互的内在联系，教育引导全党全国更好学习把握新时代中国特色社会主义思想的理论体系。”[①] 当前最为迫切的一个重大课题，就是揭示和阐释中国式现代化的理论形态与中国特色社会主义理论体系、习近平新时代中国特色社会主义思想之间的内在联系，澄清认识和思想上的困惑。

“返本开新”的进步理念彰显中华民族突出的创新性。这是在创造性意义上，把中国式现代化置于人类社会发展的理论图谱中，在与其他现代化形态比较中揭示中国式现代化所具有的巨大创新性的民族之源。中国式现代化之所以能够取得巨大成就，能够成为人类实现现代化的新的选择，能够发展中华文明，其中最为根本的原因，就是中国共产党始终传承“返本开新”的优秀文化传统，坚持“两个结合”，大力推进实践创新和理论创新，不断实现现代化理论的与时俱进。中华文化传承下来的神话传说、寓言故事、成语典故等，蕴含的就是中华民族的优秀品质和创新精神，如愚公移山、大禹治水、精卫填海等。这就“从根本上决定了中华民族守正不守旧、尊古不复古的进取精神，决定了中华民族不惧新挑战、勇于接受新事物的无畏品格”[②]。

整体发展的价值追求彰显中华民族突出的统一性。中国式现代化的

---

① 习近平：《开辟马克思主义中国化时代化新境界》，《求是》2023 年第 20 期。
② 习近平：《在文化传承发展座谈会上的讲话》，《求是》2023 年第 17 期。

理论形态之价值取向的一个鲜明特点，就是十分注重差异格局中的统一性和共同性。在新时代，全国各个民族在实现社会主义现代化进程中共同走向物质生活共同富裕和精神生活共同富裕[①]，这就呼应了“我们致力于共同富裕，让每一个中国人都过上美好生活。摆脱贫困，是中华民族的千年梦想。共同富裕，是中国人民的共同期盼”[②]的精神，也决定了中国式现代化必然得到中华大家庭各个民族的拥护和支持。

和平发展的道路选择彰显中华民族突出的和平性。这不仅表达了中华民族自古就倡导的“协和万邦、兼济天下、美美与共、世界大同”的天下胸襟和情怀，也“从根本上决定了中国始终是世界和平的建设者、全球发展的贡献者、国际秩序的维护者”[③]。中国式现代化是走和平发展道路的现代化，就充分体现了这一点。

中华文明的突出特性表现了中华民族的鲜明特质，这种突出特性和鲜明特质又使中国式现代化具有显著的民族优势。中国式现代化，是从新中国成立以来尤其是改革开放以来的中国伟大实践进程中走出来的，具有连续性；它区别并高于西方现代化，具有创新性；它是中国共产党领导的社会主义现代化，也与其他各国现代化具有共同特征，具有统一性；它不忘本来、吸收外来、面向未来，具有包容性；它走和平发展道路，具有和平性。

显然，它区别于“西方中心论”的“种族优越”，是中国式现代化的“民族存在”。

① 吴艳东，廖小丹：《精神利益与精神富裕：中国式现代化道路的文明特征》，《西南大学学报（社会科学版）》2023 年第 2 期。

② 习近平：《汇聚两国人民力量 推进中美友好事业——在美国友好团体联合欢迎宴会上的演讲》，《人民日报》2023 年 11 月 17 日。

③ 习近平：《在文化传承发展座谈会上的讲话》，《求是》2023 年第 17 期。

第四节　为他人性：中国式现代化在社会性的群己关系中注重他者

针对“西方中心论”“以物的依赖性为基础的人的独立性”，且在群己关系中注重自我、为我的人性逻辑，中国式现代化实现了对西方现代化关于人性理解的本质性超越，这集中体现为在社会性的群己关系中定义人性和人的本质，认为人的现实本质就是社会关系的总和，是在社会性的群己关系中注重他者。这是中国式现代化的“人性”逻辑，主要回答中国式现代化的“人性基础”问题。

习近平总书记明确指出,“现代化的本质是人的现代化”[①]。这一论断的深层理据，源于中国哲学对人的本质的理解。

中国哲学对人的理解区别又高于西方哲学对人的理解。西方哲学相对注重从自然本性和精神属性理解人，把人理解为单个个体，强调人之实体就是个人，较为注重作为自然人的自然属性（或生物本能）和精神属性，将基于生存的自然个人对物质、利益的占有与对自由、民主、人权的追求视为天经地义，认为其属于天赋人权，符合自然秩序，切合人的本性，进而把占有私有财产视作神圣不可侵犯，把追逐物质财富视作至高无上，把个人自由、民主视作天然权利，把实现自我价值视作人生的全部意义。于是，关于人的本性是“自私”“自保”及“人和人的关系像狼”等利己主义理论就纷纷出场。这里的“自我”“为我”，实质上是“西方”的化身，是“西方”的人格化表达，是放大了的“西方自我”“西方为我”。

① 《十八大以来重要文献选编》上，中央文献出版社 2014 年版，第 594 页。

中国哲学不否认人的自然属性，但更加注重人的社会性，注重人的社会关系，主张在整体性视阈即在群体、社会、关系中理解人的本质，认为社会性、社会关系在人的本质规定中处于根本地位和首要位置，认为单纯将自然本性视为人的全部本性，势必将人等同于动物。人只有在一定的社会关系总和中才能称其为人，这意味着人的社会关系也是一种实体，要从人的社会关系总和中去理解和把握人的社会性，从人的社会性和整体性中理解和把握人及其本质。强调“社会关系”，意味着人在社会中存在，首先应注重为他。由此，中国哲学就往往从“伦理关系”“群体关系”“他者”“为他之仁”等方面去理解和把握人及其本质，强调人是“大写的人”，是在创造社会价值中实现自我价值的，是在关怀他者中使其成为善者的。由此，人首先应注重其集体性，注重在群己关系中关怀他者。如中华传统文化中所注重的“仁义礼智信、温良恭俭让”，都是注重为他的规定和规范。这样来理解和把握人，显然比西方对人的理解要文明得多。

中国式现代化的本质特征，就是在各种关系及其“为他”关系中来定义和理解的。人口规模巨大的现代化，主要讲的是在迈进现代化社会进程中，中国人口规模和发达国家总人口的比较关系；全体人民共同富裕的现代化，主要讲的是所有中国人民在创造和分配财富上的关系；物质文明和精神文明相协调的现代化，主要讲的是物质文明和精神文明的关系；人与自然和谐共生的现代化，主要讲的是人与自然的关系；走和平发展道路的现代化，主要讲的是与世界其他国家之间的关系。

总之，中国式现代化不是“西方中心论”那种以自我为中心的利己主义、损人利己的现代化，而是奉献自我、服务社会、关怀他者的现代化。这可称为“人的为他本质观”，是中国式现代化的“人性存在”。

第五节 国家治理：中国式现代化坚持动力、平衡和治理相统一

针对“西方中心论”主张“社会进化”所导致的“西方之乱”与“世界困局”（如世界的对立、冲突、分裂等），中国式现代化运用马克思主义社会基本矛盾理论，吸收发展哲学的社会发展机制理论，强调国家治理现代化是现代化的题中之义，强调实现社会主义现代化要坚持动力、平衡和治理有机统一。这是中国式现代化的“治理”逻辑，主要回答中国式现代化的“国家治理”问题。

共性与个性内在统一的中国式现代化，必然要求构建中国式国家治理现代化的维度。这一维度强调现代化既是一个多线性的系统治理，也是一个有规律可循的社会历史发展过程：从横向静态来讲，基于历史发展道路的多线性，注重对现代化系统各要素的战略性思考、全局性谋划、整体性推进，亦即注重全面协调、统筹兼顾、平等普惠，其中最主要的，就是必须体现中国式现代化的本质要求和重大原则。从纵向动态来说，这种规律坚持现代化发展的动力、平衡和治理相统一。就是说，它把中国式现代化的本质要求和重大原则所蕴含的注重战略性思考、全局性谋划、整体性推进，注重全面协调、统筹兼顾、平等普惠，都聚焦于坚持动力、平衡和治理相统一，并将其作为国家治理原则，全面贯彻到现代化建设的一切领域和现实进程中。坚持动力、平衡和治理相统一，蕴含着坚持效率和公平有机统一、动力和平衡有机统一，体现了中国式现代化的本质要求和重大原则，区别又高于“西方中心论”的“社会进化论”。

中国式现代化的动力机制，是指现代化建设中的基础性、核心性要素的相互联系和作用所构成的动力系统及其作用机理，它试图解决现代

化的动力、活力和效力问题，从而使现代化各要素、各方面和各领域充满发展动力和创新活力。依据马克思主义基本原理，生产力和生产关系的矛盾运动是人类社会发展的根本动力，科学技术、制度机制、阶级斗争等，是社会发展的重要动力。构建和完善中国式现代化的动力机制，主要解决的是解放和发展社会生产力，从而实现高质量发展这个根本问题。

中国式现代化的平衡机制，是指现代化各要素、各方面和各领域之间在系统上的协调、平衡、和谐，在运行上的稳定、有序及其作用机理。马克思主义科学描绘了未来理想社会的美好蓝图："这种共产主义，……是人和自然界之间、人和人之间的矛盾的真正解决，是存在和本质、对象化和自我确证、自由和必然、个体和类之间的斗争的真正解决。"[①]构建和完善中国式现代化的平衡机制，主要是使社会各要素全面协调、统筹兼顾、公正和谐、稳定有序，使发展成果更多更公平惠及全体人民，最终达至团结奋斗、合作共赢、共同富裕。

中国式现代化的治理机制，是指现代化各要素、各方面和各领域之间的优化、配合及其作用机理。构建和完善中国式现代化的治理机制，主要解决的是生产关系和生产力、上层建筑和经济基础之间的不相适应，以及经济、政治、文化、社会、生态文明等领域体制不够完善等问题，既为现代化建设注入强大动力和创新活力，又促进现代化建设的平衡和谐稳定。

改革开放以来，我国之所以能够创造经济快速发展奇迹和社会长期稳定奇迹，就是因为不断推进国家治理体系和治理能力现代化，妥善处理现代化建设中改革、发展、稳定的关系。正确处理改革、发展、稳定

---

① ［德］马克思：《1844年经济学哲学手稿》，人民出版社2000年版，第81页。

的关系，既是我国改革开放和社会主义现代化建设的一条基本经验，也是中国特色社会主义建设所遵循的一个基本方法。“发展”与动力机制有关，“稳定”与平衡机制有关，“改革”本质上是一种治理机制，目的就是致力于解决好动力和平衡的有机统一问题。习近平总书记在学习贯彻党的二十大精神研讨班开班式上发表重要讲话强调，推进中国式现代化必须正确处理好效率与公平、活力与秩序等一系列重大关系。这正是我们党对于正确处理改革、发展、稳定之间关系的深化和拓展。

中国式现代化注重动力、平衡、治理相统一，区别又高于“西方中心论”的“社会进化论”，可称为“国家治理观”，是中国式现代化的“国家存在”。

第六节　人民至上：中国式现代化坚持以人民为中心的发展思想

针对“西方中心论”的“理性尺度”或“理性标准”，中国式现代化在本质要求和重大原则上坚持人民至上，坚持以人民为中心的发展思想，强调检验中国式现代化成败得失的根本标准，是人民标准。离开人民标准，其他都无从实现也无从谈起。这是中国式现代化的“人本”或“民本”逻辑，主要回答中国式现代化的“人民性”问题。

“西方中心论”强调理性万能，理性具有唯一性、主体性、裁定性和统治性，认为理性是万事万物的最高尺度和评判标准，一切都要拿到理性的评判台前加以评判。这种理性万能，实质上就是“西方至上”“西方标准至上”的本质体现，认为西方就是那种“万能”的理性，是“万能”

理性的化身。

中国式现代化首先遵循现代化发展的普遍规律和一般逻辑，它没有脱离世界现代化进程、人类文明进程的发展轨道，这是中国式现代化的“真理性”方面，否则，就没有资格称为现代化。同时，中国式现代化又是由中国人民能动创造和自主建构起来的，它在遵循现代化发展普遍规律的基础上，更注重坚持人民至上、坚持以人民为中心的发展思想，把实现人民对美好生活的向往作为现代化建设的出发点和落脚点。中国式现代化固然重视发挥资本的积极作用，但其遵循的根本逻辑并非资本逻辑，而是坚持人民至上、坚持以人民为中心的人本逻辑、民本逻辑。这种逻辑的核心内容就是：把人民当作主体，一切依靠人民；把人民当作目的，一切为了人民；把人民当作标准，坚持人民至上；把人民当作根基，牢牢扎根于人民。由此，中国式现代化把发展全过程人民民主、丰富人民精神世界、实现全体人民共同富裕、促进人与自然和谐共生作为本质要求，把坚持以人民为中心的发展思想作为重大原则。中国式现代化的理论形态的真理性和人民性在其显著成效中得到了充分验证：中国式现代化的伟大实践，使党和国家事业取得了历史性成就，发生了历史性变革，也建构起行之有效的现代化的中国范式。这才是打破“现代化＝西方化”迷思的理论凭依和现实支撑，也是对西方现代化的根本超越。

中国式现代化把坚持真理性和人民性相统一的人民标准看作最高尺度，它具有本质性、判别性、主体性，强调一切都要拿到人民标准的评判台前加以评判，认为只有坚持人民标准，才能真正实现中国式现代化。因而，可基于人民标准来引领中国式现代化发展，用人民标准检验中国式现代化推进和拓展的实效。

这种区别又高于“西方中心论”的“理性尺度”观或“理性标准”观，可称为“人民标准观”，是中国式现代化的“人民性存在”。

第七节　共同价值：中国式现代化倡导弘扬全人类共同价值

全人类共同价值与西方“普世价值”有本质区别。“普世价值”既是一种哲学价值观，又是“西方中心论”所主张的一种资产阶级意识形态。

中国式现代化倡导弘扬“和平、发展、公平、正义、民主、自由”的全人类共同价值[①]，主要回答中国式现代化的“价值基础”问题。

全人类共同价值的提出，有其深厚的时代背景和依据。一是就世界而言，是全球化的深入发展。在全球化、信息化高度发展的今天，各个国家之间形成了“你中有我、我中有你”的不可分割的生存与发展格局，人类命运已经不可抗拒地交织在一起。虽然各个国家在道路、制度、理论和文化等方面存在差异，但是，合作、共赢、互利、互惠已成为大多数国家对外交往的目标与追求。二是就国内来说，中国特色社会主义进入新时代，中国站在了实现“强起来”的新的历史起点上。党的十八大以来，以习近平同志为核心的党中央勇立时代潮头，清醒认识党情国情世情，深刻把握世界发展趋势，坚持和发展中国特色社会主义，明确提出“中国共产党是为中国人民谋幸福的政党，也是为人类进步事业而奋斗的政党”。

全人类共同价值的哲学基础，是人类社会而不是市民社会。市民社会强调的是个体、个人及其物质利益，人类社会则强调的是类。全人类共同价值，是人类社会处理人与自然、人与社会、人与人、人与自我等关系的共同价值准则，也是人类共同努力的方向。

---

① 《中共中央关于党的百年奋斗重大成就和历史经验的决议》，人民出版社2021年版，第60页。

全人类共同价值是关系概念，是在当今全球化不断深入发展的时代，各国在处理国内外，尤其是处理国家与国家之间关系时所应遵循的根本价值观念。全人类共同价值在中国对外关系、国家与国家之间关系上，体现为“中国共产党是为中国人民谋幸福的政党，也是为人类进步事业而奋斗的政党”。其实，这也是中国共产党作为马克思主义政党必然具有的品质。为人类谋进步，是中国共产党及其领导下的中华民族的伟大志向，为世界和平与发展、为人类进步事业提供了中国经验和中国方案，贡献了中国智慧和中国力量，不但是中国共产党伟大使命与责任担当的鲜明彰显，也是全人类共同价值的重要体现。

全人类共同价值作为一种价值理念，区别又高于西方的“普世价值”。第一是哲学根基不同。“普世价值”的哲学根基是“主客对立”“主统治客”，全人类共同价值的哲学根基则是“主主平等”“普惠共赢”。第二是思维方式不同。“普世价值”是一种“主客对立”的思维方式，全人类共同价值则是一种“主体间性”思维方式，它强调“主主平等”。这种思维方式在把自己当作“主体”的同时，也把对方和他者当作“主体”，强调“主体”之间是平等的，双方在坚持其主体性的同时，也应当彼此尊重，寻求合作共赢。因而，全人类共同价值是一种注重平等、强调对话、尊重“人”权的价值理念，是一种真正的“主体间性”思维方式。第三是理论实质不同。“普世价值”实质上是资产阶级意识形态，是为“西方中心论”服务的，而全人类共同价值不否认文明差异和道路多样，它是中国人民甚至是世界各国人民追求发展进步、走向互利共赢与和谐共生的精神支柱。第四是理论基础不同。“普世价值”的理论基础是“西方中心论”，认为西方文明是人类文明发展的制高点，从而唯我独尊、排斥多元，强调其他“落后”国家或民族都应该走西方现代化的发展道路。全人类共同价值的理论基础则是文明互鉴论，认为每个国家或民族都有自己的发展历史，都有自己的独特文明，都有选择适合自己发展的道路或制度的权利和自由，各国之间应该求同存异、优势互补，在相互借鉴中求得共同进步。第五是理论特点不同。“普世价值”具有很强的意识形态性，自西方文明异化为“帝国文明”之后，“普世价值”却被宣扬成甚至自诩为适合全人类的、具有普世性的“永恒”理论。“普世价值”带有强烈的独断论和话语霸权倾向。全人类共同价值则以其多样、统一、平等、共同、包容、互鉴等主张而彰显这样的道理：没有离开特殊的普遍，并不存在抽象的适合全人类的永恒价值，一切价值观念都是具体的、历史的，都必有其现实的文化载体，因而，应当在充分尊重特殊性和差异性的基础上寻求“共同”或“普遍”，应当客观认识并充分尊重每一种文明样态和价值观念存在的现实与必然。一句话，全人类共同价值“更强调价值在实质内容、实现方式和实际效果上的普惠性”。第六是认识路线不同。“普世价值”注重用一般规约特殊，把一般作为前提，然后规范特殊，全人类共同价值则注重从特殊到一般，以特殊为前提，从特殊中抽象概括出一般；“普世价值”所讲的普遍是“抽象的普遍”，是外在的普遍，只强调共性而否定个性，全人类共同价值也讲普遍，然而讲的是“具体的普遍”。第七是实践导向不同。“普世价值”在实践上导致了西方的霸权主义和强权政治，导致了西方某些强国的殖民主义，导致了西方一些国家的掠夺性扩张行为，给世界许多国家的人民带来了灾难性后果，而全人类共同价值则在实践上形成的是和平共处五项原则，是负责任大国外交，是互利共赢的开放战略，是构建人类命运共同体的伟大构想与实践行动，是共赢普惠。

中国式现代化的本质特征，是全体人民共同富裕的现代化、人与自然和谐共生的现代化、走和平发展道路的现代化，其本质要求，是推动构建人类命运共同体、创造人类文明新形态，体现了全人类共同价值。

全人类共同价值区别又高于“西方中心论”的所谓“普世价值”，是中国式现代化的“价值存在”。

第八节 人类命运：中国式现代化致力于构建人类命运共同体

针对西方现代化靠殖民掠夺起家，也针对“西方中心论”认为扩张霸权是天经地义地行使“上帝旨意”的“文明开化使命”的逻辑，中国式现代化明确宣示坚定不移走和平发展、合作共赢道路，积极构建人类命运共同体，而且将其作为中国式现代化的本质要求之一。这既是破除“西方中心论”困局的内在要求，也是走出“西方中心论”框架的必由之路，是中国式现代化的“合作共赢”逻辑，主要回答中国式现代化的“普惠性”问题。

我们不可否认西方现代化的历史性贡献，在人类社会发展的历史长河中，“资产阶级在它的不到一百年的阶级统治中所创造的生产力，比过去一切世代创造的全部生产力还要多，还要大”[①]。然而，进入20世纪尤其是21世纪，整个世界陷入发展赤字、和平赤字、治理赤字和信任赤字的巨大困局之中。究其根源，如果说作为“西方中心论”和西方文明哲学根基的“主客对立”是其哲学根源，作为西方文明精神源头的自由主义是其人性根源，那么，作为西方文明行动准则的对外扩张，则是世界困局的制度根源。要言之，是西方文明的哲学逻辑、人性逻辑、制度逻辑出了问题。如何寻求世界发展的再生之路？人类进步的取向、世界发

① 《马克思恩格斯文集》第2卷，人民出版社2009年版，第36页。

展的呼声、国际秩序的重建，呼唤新的现代化理论和新的人类文明形态。

作为中国式现代化本质要求之一的“推动构建人类命运共同体”，能为破解人类发展难题、重建世界秩序提供科学理论指导。一是以利益共同体为首要内容。倡导和践行正确义利观，致力于破除“社会达尔文主义”的世界秩序法则，积极参与全球治理体系改革，改变不公正不合理的现行国际秩序，注重构建和平共处、均衡发展的新型大国关系，强化维护发展中国家的共同利益。二是以价值共同体为价值追求。倡导和践行和平、发展、公平、正义、民主、自由的全人类共同价值，着力打通不同社会形态在制度和价值理念上的隔阂，合理管控意识形态分歧，凝聚价值共识，夯实价值认同。三是以发展共同体为实践路径。倡导和践行共建、共享、共赢，在现代化建设实践上注重以协调与合作的方式共同将全人类“蛋糕”做大，在现代化成果分配上注重以权利平等、机会平等、规则平等的方式让现代化成果更多更公平惠及各国人民，在现代化思维方式上注重以双赢、多赢、共赢的方式摒弃和超越零和博弈，走出一条在开放中实现共同发展的新路。四是以安全共同体为行动保障。倡导和践行共治、共商、共处，在现代化建设安全环境上避免“修昔底德陷阱”，这是和平发展的题中之义。它通过建立化解矛盾、消弭冲突的机制，努力构建相互尊重、合作共赢的新型伙伴关系。

推动构建人类命运共同体作为超越“西方中心论”的世界秩序且重建世界新格局的重大理念，内在蕴含追求多样性、平等性、包容性、普惠性的新时代中华文明的基本旨趣，展示了中国式现代化的世界愿景。中国式现代化是中国共产党领导的现代化，为中国人民谋幸福、为中华民族谋复兴的中国共产党，也是为人类谋进步、为世界谋大同的党，构建人类命运共同体，是中国共产党人初心和使命的生动体现；中国式现代化是社会主义的现代化，科学社会主义主张站在人民、人类的立场上，坚持走全人类自由解放的社会发展道路，构建人类命运共同体是科学社会主义崇高追求的生动彰显；中国式现代化是从中华大地生长出来的现代化，中华优秀传统文化是中国式现代化的思想源头和精神基因，推动构建人类命运共同体是新时代中华文明独特世界观、文明观的生动实践。

推动构建人类命运共同体站在人类真理和道义制高点上，是化解世界冲突、管控国家分歧的“定海神针”，是引导经济全球化走向的中国方案，它从根本上区别于“西方中心论”的“文明开化使命”，是中国式现代化的“普惠性存在”。

第九节　世界贡献：中国式现代化为人类实现现代化提供新的选择

“西方中心论”为给西方现代化所导致的世界困局作辩护，竭力制造并贩卖许多“美丽神话”，认为西方现代化是为了实现人类的普遍利益。

中国式现代化不仅揭露了西方现代化通过战争、殖民、掠夺等方式实现现代化的“野蛮”基因和逻辑，认为那是一种损人利己、充满血腥罪恶的老路，给广大发展中国家人民带来深重苦难，破除了“西方中心论”这种“美丽神话”，而且为人类实现现代化作出了中国贡献，回答了其能为人类和世界“贡献什么”的问题。

中国能为世界贡献什么？这是中国的哲学家梁漱溟、英国历史学家汤因比之问，也是毛泽东最为关切的一个重大问题。毛泽东说，“中国应当对于人类有较大的贡献”。《中共中央关于党的百年奋斗重大成就和历史经验的决议》强调：中国特色社会主义新时代是我国不断为人类作出更大贡献的时代。[1]今天我们可以自信地说：新时代中国从实践上为人类实现现代化贡献了中国式现代化这一典型的“中国样本”。

中国式现代化为人类实现现代化提供了新的选择。过去认为，只要搞现代化就必须走西方现代化这条唯一的道路。中国式现代化在世界上的成功，破除了“自古华山一条路”的迷思，使人们看到人类实现现代化是“条条大路通罗马”，即通向现代化的道路是多条的，中国式现代化是其中最为重要的一条。

中国式现代化创造了人类文明新形态。近代西方文明曾在世界历史上发挥过积极推动作用，它使民族历史成为世界历史。然而，自从西方文明演变为一元“帝国文明”，其就蕴含着异化为野蛮的基因和逻辑，这种“帝国文明”因哲学根基为“主客对立”，从而把整个人类带入了歧途乃至深渊。中国式现代化创造的人类文明新形态，是一种以“主主平等普惠”为哲学根基的“人本文明”“民本文明”“全要素文明”“和合普惠文明”，这样的文明为人类实现现代化指明了光明前景。

中国式现代化是人口规模巨大的现代化，它不仅解决了中国的贫困问题，也为世界提供了广阔的市场发展空间，这是对世界的生存性贡献和经济贡献；中国式现代化是全体人民共同富裕的现代化，它不仅为发展中国家走向现代化提供了新的途径，也为人类实现以人为本的现代化提供了新的选择，这是对世界的道义性贡献和稳定性贡献；中国式现代化是物质文明和精神文明相协调的现代化，它不仅推进了整个社会全面协调发展，而且彰显了社会主义制度的优越性，这是对世界的发展性贡献和制度性贡献；中国式现代化是人与自然和谐共生的现代化，它不仅能使人们在美丽的环境中工作和生活，而且也保护

---

① 《中国共产党第十九届中央委员会第六次全体会议文件汇编》，人民出版社 2021 年版，第 45 页。

了人类的生存家园，这是对世界的绿色性贡献和文明性贡献；中国式现代化是走和平发展道路的现代化，它不仅有助于维护广大发展中国家人民的生存权利和发展权利，而且有利于维护世界和平，这是对世界的人类性贡献与和平性贡献；中国式现代化还为发展 21 世纪马克思主义奠定了基础、提供了基石，它是发展 21 世纪马克思主义的立足点，这是对世界的理论性贡献。

这些贡献蕴含着包容、利他、平等、统一、和谐、普惠的基因和逻辑，因此，中国式现代化能真正创造人类文明新形态。由此，我们一定要讲好中国式现代化为人类实现现代化提供新的选择的中国故事。

这可称为“世界贡献论”，区别于“西方中心论”的“美丽神话论”，是中国式现代化的“世界性存在”。

第十节　普惠哲学：中国式现代化倡导“主主平等”的普惠哲学

西方现代化宣称其具有“唯一性”“普遍性”“普适性”，它凭依的是西方哲学特别是近代西方哲学“万能理性”或“绝对精神”生长出来的“主客对立”的思维逻辑。

中国式现代化针对西方现代化尤其是“西方中心论”“主客对立”的哲学根基，强调主体发展、平等发展、和谐发展、全面发展、共同发展，凭依的是中华优秀传统文化“天下大同”“大同社会”与马克思的“真正的共同体”“自由人联合体”生长出来的“主主平等”“共建共享”的思维逻辑。因此，中国式现代化的哲学根基，集中体现为矢志不渝地追求的“主主平等普惠”。这是中国式现代化的“哲学”逻辑，主要回答中国式现代化的“哲学根基”问题。

哲学是时代精神的精华。考察西方现代化时代、实践和理论三大逻辑的历史演进可以看出，它注重用“一”的理性思维法则为现实物质世界建构“同质性”的秩序。在世界历史进程和全球版图中，世界现代化的核心理念和实践运动肇始于美西方是个不争的事实；现代化成为文明标识和经典话语，也与西方现代化所创造的历史贡献、文明成果密不可分；现代化成为世界潮流与各国的共同乃至首要选择更是不容否认。然而，“先发”并不意味着唯一正确，更不意味着是绝对真理；“先天优势”也并不代表不需要反思，更不代表是人间正道。伴随人类社会走进21世纪，特别是西方现代化模式带来“西方之乱”与中国式现代化带来“中国之治”的鲜明对比，表明中国式现代化已经逐渐走出“东方从属于西方”的现代化框架，且成为世界现代化体系和格局的新锐力量、新的趋向和新的话语。

基于对人类文明历史演进和现实语境的深刻洞悉，围绕正确理解、系统把握中国式现代化的理论形态所蕴含的世界观和方法论，习近平总书记强调：“中国式现代化，深深植根于中华优秀传统文化，体现科学社会主义的先进本质，借鉴吸收一切人类优秀文明成果，代表人类文明进步的发展方向，展现了不同于西方现代化模式的新图景，是一种全新的人类文明形态。”[①] 这表明，在哲学根基上，中华优秀传统文化特别是中国哲学，可以称为一种“有机整体主义”，它认为宇宙的一切都是相互依存、相互联系的，每一事物都是在与他物的关系中显现其存在和价值的，因而，人与自然、人与人、文化与文化之间应当建立起和谐共生关系。[②]

① 《正确理解和大力推进中国式现代化》，《人民日报》2023年2月8日。
② 陈来：《中国文明的哲学根基》，《中国民族博览》2021年第24期。

在中国式现代化的魂脉层面，科学社会主义的先进本质在于其马克思主义的哲学基础。马克思主义哲学在对西方现代化、“西方中心论”的“主客对立”哲学根基及其思维逻辑展开深刻批判的同时进行革命性改造，致力于构建“真正的共同体”或“自由人联合体”。其崇高的历史使命和价值追求，就是批判和颠覆理性形而上学而走向唯物主义历史观，批判和破除资本逻辑而走向人本逻辑，促进人在精神和物质上的双重解放，将全人类解放、无产阶级解放和每个人自由而全面发展写在自己的旗帜上。从马克思主义哲学到当代中国马克思主义哲学，都注重为中国现实社会建构一种良性秩序，为其确定作为根基的哲学基础。在中国式现代化的文明层面，西方文明固然对推进人类进步和人类文明产生重大影响、作出历史贡献，但奠基于“西方中心论”理论体系和话语体系之上的西方现代化，必然遵循“主客对立”“主统治客”的思维逻辑和行动逻辑，进而往往以“文明”之名对所谓“不文明”的民族或国家堂而皇之地进行殖民扩张，或武装干涉，或颠覆政权。中国式现代化则以开放包容的文明心态、共建共享的行动姿态，注重借鉴吸收人类文明的一切优秀成果。全体人民共同富裕的现代化彰显着“发展成果上的主主平等”，应当从权利和制度上保证每个人都能享有发展成果；物质文明和精神文明相协调的现代化意味着二者在“发展机会和内容上的主主平等”，应当从布局上保证人的身心和谐；人与自然和谐共生的现代化昭示着人与自然在“物质、信息、能量交换上的主主平等”，应当从交换上保证人与自然的和谐共生；走和平发展道路的现代化标志着世界各国在“发展权利、机会和规则上的主主平等”，应当从规则上保证每个国家和民族都享有发展主权和机会。

哲学根基或哲学范式不同，不仅决定了现代化的理论形态和理论体系的本质差别，也决定了两种现代化模式的现实运动、实践道路及其历史命运之别。“主主平等普惠”之哲学范式，既反映了中国特色社会主义发展的历史逻辑，又体现了中国式现代化注重主体性、平等性、普惠性的现实逻辑，还彰显了习近平新时代中国特色社会主义思想的理论逻辑，这一理论逻辑之哲学根基，就是“主主平等普惠”之哲学范式。

这可称为“普惠哲学论”，区别又高于“西方中心论”的“主客对立论”，是中国式现代化的“哲学存在”。

总之，直面且针对“西方中心论”所谓的“线性道路”“单数文明”“种族优越”“为我人性”“社会进化”“理性尺度”“普世价值”“开化使命”“美丽神话”“唯一哲学”，中国式现代化理论形态的“道路多样”“文明互鉴”“民族特质”“为他人性”“国家治理”“人民至上”“共同价值”“人类命运”“世界贡献”“普惠哲学”等十大要素，是一个环环相扣、步步深入、逻辑严密的系统整体。它不仅系统建构起了中国式现代化的理论形态，而且彰显了既区别又超越西方现代化及其“西方中心论”的显著优势。这十大要素，是新时代建构中国自主的知识体系的立足点与内核，也是建构新时代中国自主的知识体系的标识性范畴，我们应基于或围绕这十大标识性范畴或核心要素，建构新时代中国自主的知识体系。马克思指出：“当我们把目光从资产阶级文明的故乡转向殖民地的时候，资产阶级文明的极端伪善和它的野蛮本性就赤裸裸地呈现在我们面前，它在故乡还装出一副体面的样子，而在殖民地它就丝毫不加掩饰了。”[①] 由此我们在学理上再一次强调：中国式现代化的理论形态要在实践上引领中国式现代化发展，为人类实现现代化提供新的选择，要在哲学社会科学上建构起新时代中国自主的知识体系，以进一步巩固中华民族的文化主体性。

① 《马克思恩格斯选集》第 1 卷，人民出版社 2012 年版，第 861-862 页。

第五章　立足中国式现代化建构中国自主的知识体系

中国式现代化的理论形态是一个环环相扣、步步深入、逻辑严密的有机整体，内含“道路多样”“文明互鉴”“民族特质”“为他人性”“国家治理”“人民至上”“共同价值”“人类命运”“世界贡献”“普惠哲学”等十大核心要素，它直面并超越了“西方中心论”，彰显出显著的优势。

习近平总书记指出：“加快构建中国特色哲学社会科学，归根结底是建构中国自主的知识体系。”[①] 这一重要论述，是习近平总书记胸怀“两个大局”，对我国哲学社会科学建设所作出的科学判断，指明了我国哲学社会科学建设的根本原则、总体思路和基本方式，具有重大理论价值和战略意义。中国式现代化是新时代中国共产党全部理论和实践的立足点，自然也应当作为建构中国自主的知识体系的立足点，即立足于中国式现

① 《坚持党的领导传承红色基因扎根中国大地　走出一条建设中国特色世界一流大学新路》，《人民日报》2022 年 4 月 26 日。

代化建构中国自主的知识体系。这实质上研究的是中国自主的知识体系的“建构逻辑”。

第一节　建构中国自主的知识体系的原则、思路和方式

2016 年 5 月 17 日，习近平总书记出席哲学社会科学工作座谈会并发表重要讲话，强调要加快构建中国特色哲学社会科学学科体系、学术体系、话语体系。构建“三大体系”的内核，归根结底是建构中国自主的知识体系，应以建构中国自主的知识体系为核心内容，应基于中国自主的知识体系建构起来。

建构中国自主的知识体系，是一项既紧要又艰巨的系统工程，具有战略性、全局性、长期性，需要我国哲学社会科学界共同努力，既慢不得，也急不得。其中，首先需要确立建构中国自主的知识体系的根本原则、总体思路和基本方式。

知识体系是基于实践经验而提炼概括出的特定专业知识的总和，包括自然科学知识体系和哲学社会科学知识体系。在哲学社会科学领域建构中国自主的知识体系，就是要自主建设中国特有的哲学社会科学的经验和知识系统，它立足中国式现代化的实践经验，倡导自主思考，注重原创成果，解决中国问题，繁荣中国学术，发展中国理论。其实质，就是随着中国式现代化的逐步成功而在此基础上建构起走向世界的中国理论，增强中国文化软实力，提升我国理论话语权，巩固文化主体性。

建构中国自主的知识体系，在根本原则上，首要就是坚持政治和学理相统一，用学术讲政治。在坚持讲政治原则的前提下，还要以学理的

思维方式来建构中国自主的知识体系，以此为基础，注重科学，坚持历史逻辑、实践逻辑、世界逻辑和哲学逻辑。历史逻辑，就是建构中国自主的知识体系应遵循历史发展规律；实践逻辑，就是建构中国自主的知识体系应总结和体现中国式现代化的实践经验；世界逻辑，就是建构中国自主的知识体系需要反映世界和时代发展趋势；哲学逻辑，就是建构中国自主的知识体系应具有哲学根基。

建构中国自主的知识体系，在总体思路上，可从话语和道两个维度进行。习近平总书记指出：话语的背后是思想、是“道”。就是说，话语是道的表达和实现形式，道是话语的内核。话语，往往是以标识性的范畴出现的，而每一个标识性范畴的背后都蕴含着相应的道或理论。我们在坚持政治原则的前提下，需要以学理性思维，从道或理论上谈论中国自主的知识体系的建构问题。

建构中国自主的知识体系，在基本方式上，要不忘本来、吸收外来、面向未来、立足实践。不忘本来，就是不断推动中华优秀传统文化创造性转化、创新性发展；吸收外来，就是借鉴人类文明有益成果；面向未来，就是面向 21 世纪世界和时代发展趋势，不断推进知识创新、理论创新、方法创新；立足实践，就是立足中国式现代化的实践经验，解决中国现实问题。

第二节　直面“西方中心论”的核心要素和标识性范畴

建构中国自主的知识体系，涉及世界文明中心的历史性转移问题。

古代，世界文明的中心主要在东方尤其在中国。古代的中国通过“丝绸之路”，把中国的丝绸、茶叶、瓷器等运到欧洲，由此也掀起了一场“中国热”。歌德、伏尔泰、莱布尼茨等思想家高度评价中国，共同发出“到中国去”的强烈呼声。

近代，欧洲通过文艺复兴、启蒙运动，尤其是通过工业革命和现代化，使世界文明的中心历史性地转移到欧洲，由此也兴起了“欧洲热”，产生了欧洲中心主义。欧洲中心主义的进一步拓展，就形成并提出了“西方中心论”。“西方中心论”是西方现代化的理论形态。黑格尔对“西方中心论”作出了全面系统而深入细致的哲学论证。哲学的鲜明特征，就是抓本质、悟精髓、善概括、讲逻辑、观整体。从哲学上归纳概括起来，“西方中心论”的核心要素和标识性范畴主要是由“线性道路”“单数文明”“种族优越”“为我人性”“社会进化”“理性尺度”“普世价值”“开化使命”“美丽神话”“唯一哲学”所构成，这些要素和范畴具有严密的逻辑，构成了“西方中心论”的理论体系和话语体系。

西方现代化及由此产生的“西方中心论”对18世纪、19世纪、20世纪的世界产生了广泛而深刻的影响。这不仅体现为近代以来西方众多哲学社会科学的重大理论总体上是围绕“西方中心论”建构起来的，“西方中心论”是近代以来西方众多哲学社会科学的重大理论建构的基石、内核，而且也体现为西方现代化与“西方中心论”对近代以来的中国产生了强烈冲击。

第三节　中国式现代化实现对西方现代化的超越

习近平总书记指出，中国式现代化，打破了“现代化＝西方化”的迷思，展现了现代化的另一幅图景。这一重要论述深刻揭示了中国式现代化是对西方现代化理论和实践的超越。

近代以来，中国对西方现代化和“西方中心论”的冲击开始了一次又一次的回应。第一次回应是洋务运动，主要在“器物”层面；第二次回应是戊戌变法，主要在“制度”层面；第三次回应是辛亥革命，也主要在“制度”层面，不过，戊戌变法局限于局部，而辛亥革命注重整体；第四次回应是五四运动，主要在“文化”层面。这四次回应虽然在一定意义上推动了中国的历史进步，但总体上是被动性、防御性的回应。

自 1921 年中国共产党诞生后，对西方现代化和“西方中心论”，就一改过去被动性、防御性的回应为积极主动的应对。这主要来源于三个方面：一是把马克思列宁主义作为指导思想，统一了当时较为混乱的思想；二是有一个强大的政治领导组织，即中国共产党，用以整合当时各种社会力量；三是找到了解决中国问题的正确道路。习近平总书记指出：“道路问题是关系党的事业兴衰成败第一位的问题，道路就是党的生命。”①

1921 年以后，中国对西方现代化和“西方中心论”的积极主动应对，是从实践和理论两方面展开的。在实践上，在新民主主义革命时期，提出国家要发展大工业；在社会主义革命和建设时期，我们党提出“四个现代化”的宏伟目标；在改革开放和社会主义现代化建设新时期，我们党提出积极建设社会主义现代化；在中国特色社会主义新时代，我们党提出要全面建成社会主义现代化强国。在理论上，我们党与时俱进地提出了具有标识性的重大命题和论断，即“走自己的路”“中国特色社会主义道路”“中国式现代化新道路”“中国式现代化”。走自己的路注重的是中国道路问题上的“自主性”；中国特色社会主义道路赋予“自己

---

① 《习近平著作选读》第 1 卷，人民出版社 2023 年版，第 84–85 页。

的”是“中国特色”和“社会主义”的内涵，而且强调要坚定不移、持之以恒地走下去；中国式现代化新道路具有与西方现代化在“同一个频道”上进行平等对话的世界意义；中国式现代化，意味着我们党在政治维度上已经初步构建起中国式现代化的理论体系和话语体系。

党的十八大以来，我们党在坚持和发展中国特色社会主义进程中，经过在理论和实践上的创新突破，成功推进和拓展了中国式现代化。党的二十大报告指出：“在新中国成立特别是改革开放以来长期探索和实践基础上，经过十八大以来在理论和实践上的创新突破，我们党成功推进和拓展了中国式现代化。”① 中国式现代化的成功推进与拓展，为发展中国家走向现代化提供了新的途径，为人类实现现代化提供了新的选择，为解决人类问题贡献了中国智慧和中国方案，实现了对西方现代化的超越。这主要体现在：（1）中国式现代化超越了西方传统的“资本型文明”，为人类现代化走向社会主义“人本型文明”这一人类文明新形态确立了具有光明前景的发展方向；（2）它使 14 亿多人民整体迈进现代化社会，为人类实现现代化提供了典型的“中国样本”，为发展中国家走向现代化提供了新的途径，为那些既希望加快发展又希望保持自身独立性的国家和民族提供了新的选择，为改变西方现代化那种“单边主义”或“单极化”的世界版图和图景进而构建人类命运共同体提供了中国力量和强大变量；（3）它所注重的全体人民共同富裕的现代化是世界各国人民的共同诉求和愿景，超越了西方那种两极分化的现代化；（4）它所积极实现的物质文明和精神文明相协调的现代化，超越了西方那种“物质主义膨胀”“单向度发展”“占有式生存”的现代化，是人类实现现代化的正确选择；（5）它所促进的人与自然和谐共生的现

① 习近平：《高举中国特色社会主义伟大旗帜 为全面建设社会主义现代化国家而团结奋斗——在中国共产党第二十次全国代表大会上的报告》，人民出版社 2022 年版，第 22 页。

代化，超越了西方那种以牺牲自然环境和掠夺自然资源为代价的陈旧落后的现代化，为人类实现现代化提供了人与自然和谐共生的新范式；（6）它所走的和平发展道路的现代化，超越了西方那种以殖民扩张为特征的现代化，为人类实现和平发展、合作共赢确立了新的路径。

第四节　中国式现代化开创人类文明新形态

现代化与文明直接且本质相关，当讲到西方现代化时就会直接从本质上讲西方文明。中国式现代化能创造出人类文明新形态，具有生成人类文明新形态的基因，是人类文明新形态的生成基础。中国式现代化的根本意义是全面推进中华民族伟大复兴，就世界而言的最高成果就是开创人类文明新形态，它把"中国式现代化"提升到"人类文明"高度。中国式现代化是新时代中国共产党全部理论和实践的立足点，是人类文明新形态的本源和生成基础，中国式现代化可开创出人类文明新形态。

一、文明观的理论阐释

文明，是一个较难把握的概念。相关论著有所涉及，如鲍登的《文明的帝国》对文明概念及其内涵、起源和意义作了较为详细的语言学、解释学考察。但这些著作对文明并未给出一个明确界定和确切解释，或是回避文明概念，或是泛化文明概念。沃尔夫·舍费尔指出：社会学家、人类学家和历史学家都学会了规避"文明"一词，并以"文化"为参照来分析一切问题。①"文明"这个概念有时承载太多的意义，为数众多的

① ［澳］鲍登:《文明的帝国》，社会科学文献出版社 2020 年版，第 16 页。

社会分析被归入文明范畴，致使它往往缺失具体的或容易理解的含义。[①] 弥补国内学者对文明研究的不足，全面深入推进“文明研究”，对文明概念和文明观给出明确界定、确切解释，是首要解决的具有重要学术价值的前提性问题。

尽管人们对文明概念未能给出明确界定、确切解释，但其基本含义还是清晰的，即文明是整个人类追求发展进步从而走向“真善美”的过程及其积累起来的积极成果。哲学是文明活的灵魂，对文明首先应从哲学上理解，确定其文明观。由于对发展进步与“真善美”的解释不同，因此便存在两种不同的文明观。

一种是侧重于把文明解释为“事实判断”的描述性概念，认为文明即事实，描述的是整个人类发展进步的事实；发展进步是各个国家、民族为改变其现状而向前迈进的自我超越、自我完善、自我发展、自我进步的过程；它具有多样性、包容性、互鉴性、平等性和普惠性，是一种“复数”多元文明；对文明的“价值判断”应建立在“文明事实”的基础上；其哲学基础是“多样统一”“主主平等”的哲学观。

另一种是侧重于把文明解释为“价值判断”的规范性概念，强调任何国家、民族都应沿着确定的“同一道路”，朝着确定的具有“同一性的至善至美的理想目标”迈进；具有文明优越感的“高尚民族”应站在人类文明发展的制高点上，既掌握解释世界如何运转、历史如何进步的话语权，也应当用文明开化愚昧、野蛮的非文明民族，这是“他我”国家或民族裁定、改变非文明国家或民族的“教化”过程。这样的文明具有一元性、评判性、改变性和统治性，是具有同一性标准的普遍文明，是“单数一元文明”。这种对文明的解释具有意识形态性质，哲学基础

---

① ［澳］鲍登：《文明的帝国》，社会科学文献出版社 2020 年版，第 16 页。

是“主统治客”的哲学范式和线性史观。依据这种文明观，就会认为文明只属于欧洲民族，欧洲之外都处于蒙昧、野蛮状态。

本书主张第一种文明观。基于这种对文明和文明观的总体理解，可主要从原体、关系、过程三个维度展开对文明之理论内涵的具体阐释。从原体维度理解文明，它是具有本源意义的范畴。人是万物的尺度，万物为人而存在才有意义，“人”是理解一切与人有关的事物和对象的坐标。文明是为整个人类发展进步而存在的，需要以“人”为坐标或还原到“人”这个原点来理解本源意义上的文明。在哲学上，人作为人的最高最核心的“元”追求，就是“真善美”，“人类对真善美的追求”对理解文明具有本源意义。这样，文明就是针对愚昧、野蛮、丑恶而言的，是整个人类、社会与国家、民族超越愚昧、野蛮、丑恶，对至真至善至美境界的不懈追求及其积累起来的积极成果，这就是人性的进步，即对人之愚昧的开化（真），对人之野蛮的规制（善），对人性之丑恶的教化（美），进而推动整个人类、社会与国家、民族的历史进步。文明的基本含义就是事物的发展进步过程，包括人的发展和社会的发展[①]，文明的根源是秩序的必要性[②]。亨廷顿认为：文明的概念是由18世纪法国思想家相对于“野蛮状态”提出的，文明化为善，非文明化为恶。[③]就此而言，文明的本质是“化人为善”并“利他”，它注重集体、德性（善）、仁和，实质是构建基于“主主平等、和合普惠”的秩序。这种文明之结果，是自我完善、民为邦本、天下为公、世界大同、协和共生、普惠共赢。文明与否的根本评判标准，要看是否促进人性进步及其所推进的人的发展（包括类、群体、个人）、世界各国或民族发展，要看是促使前进且使人得到自我完善，还是促使

① ［澳］鲍登：《文明的帝国》，社会科学文献出版社2020年版，第55页。

② ［法］基佐：《欧洲文明史》，商务印书馆2021年版，第46页。

③ ［澳］鲍登：《文明的帝国》，社会科学文献出版社2020年版，第30页。

倒退且引人走上邪恶。[①] 亚里士多德说：美好生活是文明的终点或目的。斯宾塞强调：文明可看作需要充分展现所有人个性所需的人与社会构成方面取得的进步。伯里指出：文明是人们最终将享受一种普遍幸福的状态，而这将证明整个文明进程的合理性。[②] 文明从“根”和“元”的意义上描述的是整个人类“化人为善”的利他性发展进步的客观事实。从关系维度理解文明，它具有关系规定，需要在与文化的关系中加以理解。这里着重谈文明与文化的区别。其中一个重要区别在于：文化相对于未经人的活动外化的“原始自然”，侧重于人和物的关系框架中的“人化”事物，相对注重“做事”“理性”“知识”“技艺”等框架中的“外化于物”和“人化为物”；文明则相对于未经开化的“野蛮”“丑恶”，侧重于人和人的关系框架中的“化人”，即使人成为“人”的积极成果，相对注重“做人”“德性”“善治”等框架中的“内化于人”“化人为善”“德行天下”的进步过程，即是人类“开化”性的自我约束、自我完善、自我进步。从过程维度理解文明，它具有过程规定性。从哲学上理解文明发展过程，侧重于人类交往范式的变迁，即由前资本主义社会“主客混体”的文明范式，经资本主义工业社会“主客二分”的文明范式，再走向社会主义、共产主义社会基于“每个人自由全面发展”的“主主平等”的文明范式。

二、西方现代化开创不出人类文明新形态

简要来说，西方现代化以理性、自由、资本主导、“西方中心论”为支柱，以“主客对立”为哲学根基，只能生长出西方资本型文化、单向度文化、殖民扩张式文化。如前所述，“西方中心论”理论体系和话

① ［法］基佐:《欧洲文明史》，商务印书馆 2021 年版，第 67 页。
② ［澳］鲍登:《文明的帝国》，社会科学文献出版社 2020 年版，第 51、41、62 页。

语体系的逻辑起点是西方现代化道路，其建构逻辑包括“线性道路”“单数文明”“种族优越”“为我人性”“社会进化”“理性尺度”“普世价值”“开化使命”“美丽神话”“唯一哲学”。尤其是它的以“主客对立”为范式的唯一哲学，大都是为“西方中心论”做哲学论证的，它只能导致整个世界的对立、冲突、暴力和战争，根本开创不出人类文明新形态。

总之，西方现代化和基于西方现代化的“西方中心论”之总体逻辑是：把世界“唯西”化—把西方“唯一”化—把“唯一”“统一”化—把统一“统治”化—若不服从统治就“打压”。其实质就是把进步化为“中心”—把特殊说成普遍—把西方当成世界—把文化等同文明—把现代化等于西方化，这就是西方所谓的“基于规则的秩序”。由上可见，以近代西方工业化、市场化、资本化为基石，以理性和解放、自由和民主、工业和市场、市民社会和个人利益为核心理念的西方现代化从基因上只能内生出“物化文化”“资本型文化”“单向度文化”“殖民扩张式文化”，这种“文化”在结果上因注重绝对一元而又内生出为我、单赢、掠夺、扩张、冲突和暴力，并异化为“野蛮”，最后就是以“恶”护“恶”。就是说，西方现代化和基于西方现代化的“西方中心论”根本开创不出人类文明新形态。对此，威廉斯提出：欧洲殖民国家和殖民扩张的衍生国家背后都有一个中心思想作为支撑，即西方世界的宗教、文明和知识比非西方民族优越。这一优越感让西方世界产生救赎的使命感，一厢情愿地将自我理解的事实强加给非西方民族。一旦“文明”一词不再表示有待判断的事实，而成为一种颠扑不破的价值，这就把以文明之名要求做出至高牺牲变成一件合情合理的事情。这意味着在某些情况下促进文明或捍卫文明可以诉诸暴力。于是，就出现了某些“文明的”民族或国家时常以“文明”之名对所谓“不文明”的民族或国家采取极端措施，做出令人发指之事，如殖民扩张或充斥暴力。[1] 而这，在结果及其实质上就是反文明的野蛮，

① ［澳］鲍登：《文明的帝国》，社会科学文献出版社 2020 年版，第 56 页。

是远离“至善”的恶。

三、中国式现代化内生人类文明新形态

现代文明发源于现代化进程，中国式现代化的世界意义就是创造人类文明新形态这样一种文明范式。从哲学上讲，这意味着需要把中国式现代化提升到人类文明新形态层面加以探究。中国特色社会主义“扬弃”传统中西文明，所创造的中国式现代化能内生出人类文明新形态。

首先，中国式现代化体现了人类文明演进的一般规律，具有历史逻辑。其中具有总体性的规律，就是马克思讲的人的发展“三形态”，即：在前资本主义社会，人的发展呈现为“人的依赖关系”；在资本主义社会，人的发展呈现为“以物的依赖性为基础的人的独立性”；在未来理想社会，人的发展呈现为社会生产力全面发展和人的全面发展基础上的“自由个性”。马克思毕生批判资本主义社会的总问题，即资本占有劳动并控制社会的逻辑，实现人类解放、无产阶级解放和每个人自由全面发展。这一总问题既涉及社会主义文明取代资本主义文明的历史必然性，也是不同历史时期马克思主义者致力解决的一个带有规律性的问题——人类文明的走向。马克思从理论上为解决这一问题提供了根本路径，但仍需要后人从实践上破解。中国特色社会主义进入新时代，我们党致力于从实践上破解这一问题，这主要是通过创造中国式现代化实现的。中国式现代化既超越了中华传统以家庭伦理为基点的伦理型文明，也超越了西方在市民社会的“物的依赖性”基础上的“资本文明”，开创了立足于社会生产力全面发展和人的全面发展的社会主义的“人本文明”。

其次，中国式现代化是开创人类文明新形态的基础，具有现实逻辑。习近平总书记指出：“我们坚持和发展中国特色社会主义，推动物质文明、政治文明、精神文明、社会文明、生态文明协调发展，创造了中国式现

代化新道路，创造了人类文明新形态。”① 这段重要论述的文本逻辑是：坚持和发展中国特色社会主义—物质文明、政治文明、精神文明、社会文明、生态文明协调发展—创造中国式现代化新道路，创造人类文明新形态。这实际上体现的是“因果关系”的现实逻辑：坚持和发展中国特色社会主义的创新成果就是成功推进和拓展了中国式现代化—中国式现代化推动了物质文明、政治文明、精神文明、社会文明、生态文明协调发展—推动物质文明、政治文明、精神文明、社会文明、生态文明协调发展，便直接创造了人类文明新形态。这里，中国式现代化具有内生人类文明新形态的基因，不宜离开中国式现代化进程来谈论人类文明新形态。之后，习近平总书记所讲的中国式现代化是“人口规模巨大的现代化”“全体人民共同富裕的现代化”“物质文明和精神文明相协调的现代化”“人与自然和谐共生的现代化”“走和平发展道路的现代化”②，从哲理来讲，也超越了以“主客二分”为哲学范式的所谓“资本文明”，确立了以“主主平等、和合普惠”为哲学范式的新文明。

最后，现代化发展从根本上就是人类文明形态演进的过程，是文明发展和转型的过程，具有生成逻辑。从学理上看，中国式现代化是人类文明新形态的一种实现方式。一般通过特殊实现，特殊蕴含一般。走向人类新文明的方式是多样的，中国式现代化可理解为创造人类文明新形态的中国方式，对走向人类新文明能作出具有世界意义的贡献，甚至在一定意义上引领人类新文明的走向。基于学理分析，中国式现代化能创造具有世界意义和人类文明意义的中国特色社会主义的“民本文明”。上

---

① 习近平：《在庆祝中国共产党成立 100 周年大会上的讲话》，人民出版社 2021 年版，第 13-14 页。

② 习近平：《高举中国特色社会主义伟大旗帜 为全面建设社会主义现代化国家而团结奋斗——在中国共产党第二十次全国代表大会上的报告》，人民出版社 2022 年版，第 22-23 页。

述所讲的文明，从本质上区别并高于资本文明，充分彰显了人类文明新元素，属于“人类文明新形态”。

中国式现代化为创造人类文明新形态作出了独特贡献。如前所述，从哲学维度讲，创造了以“主主平等、和合普惠”为哲学范式的多元共赢文明，区别于西方那种一元主导文明；从历史维度讲，创造了以新发展理念为指导原则来全面建成社会主义现代化强国，进而注重物质文明、政治文明、精神文明、社会文明、生态文明相协调的全要素文明，它区别于西方工业化进程中那种物质主义膨胀的单向度文明，这是人类文明新形态在历史维度上体现出的全要素文明；从关系维度讲，创造了坚持人民至上的民本文明，它区别于资本主义社会资本至上、两极分化的资本文明，这是人类文明新形态在关系维度上体现出的社会主义民本文明；从空间维度讲，创造了坚持走和平发展道路，高举和平、发展、合作、共赢旗帜，携手共建人类命运共同体的类本文明（人类和合文明），区别于“西方中心论”、狭隘民族主义、殖民扩张的地域性文明。

总之，既要从人类文明新形态来把握中国式现代化及其世界意义，也应基于中国式现代化来理解人类文明新形态的根基。

第五节　人类文明新形态与构建人类命运共同体

中国式现代化、人类文明新形态与构建人类命运共同体，这三者是递进且彼此理解的逻辑关系。

中国式现代化可以内生出人类文明新形态，人类文明新形态可为构建人类命运共同体提供人文基础。人类文明新形态的实践诉求是构建人类命运共同体，后者是人类文明新形态的总体实践形式。

西方现代化以一元主导文明观为根基的“文明冲突论”与人类命运共同体理念是相悖的，缺乏构建人类命运共同体的文明根基；人类文明新形态注重不同文明的多样统一、平等相待、包容交流、互学互鉴，既为构建人类命运共同体提供了前提，又为推动构建人类命运共同体注入了动力，也增强了世界各国构建人类命运共同体的责任担当。

人类文明新形态注重的“人类”“共同性”“共同体”是构建人类命运共同体的人文基础。习近平总书记明确把“文明”交流互鉴看作构建人类命运共同体的人文基础：“文明因多样而交流，因交流而互鉴，因互鉴而发展。我们要加强世界上不同国家、不同民族、不同文化的交流互鉴，夯实共建亚洲命运共同体、人类命运共同体的人文基础。”①

第一，人类文明新形态与人类发展进步本质相关，与人类命运直接相连，与人类共同体息息相通，适合整个人类共用，为构建人类命运共同体奠定了“人类”基础。作为“事实判断”的文明描述的是整个“人类”发展进步的事实，是任何追求“人类”共同发展进步的国家、民族都坚持的文明观。人类文明新形态本质上追求的是整个“人类”的发展进步，它注重人类的统一性、平等性、包容性、互鉴性、普惠性，强调民族或地域文明所具有的人类意义。

第二，人类文明新形态注重“你中有我、我中有你”，为构建人类命运共同体奠定了“共同命运”基础。人类文明新形态注重人类的共同性，即共同利益、共同价值、共同安全、共同合作、共建共享。它秉持人类主义立场，坚持多边主义行为准则，注重实现全人类共同利益，超越了西方中心主义、单边主义、霸权主义和“文明冲突论”，与追求全人类的共同利益、共同安全具有本质一致性；它是走和平发展道路并强调

---

①《习近平谈治国理政》第3卷，外文出版社2020年版，第468页。

世界大同、和平发展、合作共赢的类本文明，是实现全体人民共同富裕、促进人的全面发展的民本文明，是注重“多样统一”“主主平等、和合普惠”的多元共赢文明，是注重物质文明、政治文明、精神文明、社会文明、生态文明相协调的全要素文明，与和平、发展、公平、正义、民主、自由等全人类共同价值，与追求全人类的共同繁荣、共同合作具有本质一致性。

第三，人类文明新形态主张世界多样的世界观、国家平等的国家观、互学互鉴的文明观、包容发展的发展观、合作共赢的义利观，与构建人类命运共同体具有本质一致性，为构建人类命运共同体奠定了“共同体”基础。人类文明新形态在人类实践上追求的是“共同体”，它是以构建人类命运共同体来避免“文明冲突论”的文明。[1]人类与国家、民族的共同命运需要构建“共同体”来实现，这种“共同体”是实现“共同命运”的路径、平台。构建这种“共同体”须坚持合作共赢，坚持交流互鉴等[2]，人类文明新形态为构建这种“共同体”提供了人文支撑。

人类文明新形态注重寻求世界各国间的共同点，它是构建人类命运共同体的直接依据。马克思所讲的“真正的共同体”是在消灭阶级对立前提下以实现每个人自由全面发展为基本原则的社会形态，与此既联系又区别的人类命运共同体，则是在“两制并存”格局中世界各国追求和平发展、合作共赢、利益共享、和谐共处的时代理念和中国方案，它在承认各国差异乃至根本差异的前提下更注重寻求共同之处；人类文明新形态有助于弥合人类命运共同体中的差异而彰显其共同点，既有助于构建人类命运共同体，也有助于推动人类命运共同体逐步走向“真正的共同体”。

① 安维复:《人类文明新形态的学理性考察》,《人民论坛·学术前沿》2022 年 6 月合刊。
② 习近平:《共同构建人类命运共同体》,《求是》2021 年第 1 期。

第六节　建构中国自主的知识体系的立足点

习近平总书记强调：走自己的路，是党的全部理论和实践立足点。同理，中国式现代化是一个具有战略性、全局性、长远性、根本性、集成性和总体性的重大命题，它在理论上整合了马克思列宁主义、毛泽东思想、邓小平理论、“三个代表”重要思想、科学发展观、习近平新时代中国特色社会主义思想，以及中华优秀传统文化和西方文明有益成果，在实践上体现了“两个结合”，总结了中国共产党人在中国实现现代化的经验，在世界意义上为人类实现现代化提供了新的选择。中国式现代化，深深植根于中华优秀传统文化，体现科学社会主义的先进本质，借鉴吸收一切人类优秀文明成果，代表人类文明进步的发展方向。

我们可以从多维度入手建构中国自主的知识体系。在总体上，我们应以党的二十大报告为中国式现代化理论形态的政治基础和思想来源，基于中国式现代化的实践经验，着重从学理上建构起中国式现代化的理论形态，进而对中国自主的知识体系进行学理性阐释、学术化表达、体系化建构。中国式现代化的实践经验与理论形态，在逻辑上由“道路多样”“文明互鉴”“民族特质”“为他人性”“国家治理”“人民至上”“共同价值”“人类命运”“世界贡献”“普惠哲学”等十大核心要素或标识性范畴构成。这十大核心要素或标识性范畴，在性质、本质和原则上，在立场、观点、方法上，既与“西方中心论”的核心要素或标识性范畴相区别，与西方的知识体系相区别，同时又超越“西方中心论”的核心要素或标识性范畴，超越近代以来西方的知识体系。

道路多样，是说实现现代化的道路是多样的，不是“自古华山一条路”，即只能走西方现代化道路，而是“条条大路通罗马”；道路多样内生文明多样，世界文明具有多样性，应互学互鉴。民族特质，是说中华文明具有突出特性，彰显出中华民族的鲜明特质。为他人性，是指中华文化、中华文明植根于对人性的理解，注重人性为善，在群己关系中注重为他。国家治理，是指注重推进国家治理体系和治理能力现代化；国家治理就国内而言的价值取向，是坚持人民至上，坚持以人民为中心的发展思想；国家治理的世界性拓展就是参与全球治理，全球治理的价值导向，就是倡导弘扬全人类共同价值；参与全球治理，倡导弘扬全人类共同价值，就内在要求积极构建人类命运共同体；这表达的是中国式现代化为人类实现现代化提供新的选择与作出世界贡献。上述一切的哲学根基是普惠哲学，它说的是注重和平发展、合作共赢、包容普惠，使世界人民共享世界发展成果，使整个人类共同获得发展和进步。

由此，我们从总体上应立足中国式现代化实践经验，围绕中国式现代化的理论形态之核心要素或标识性范畴，提炼建构出中国自主的知识体系的核心要素、标识性范畴，进而拓展性地构建中国特色哲学社会科学的学科体系、学术体系、话语体系。中国自主的知识体系及由此构建起来的学科体系、学术体系、话语体系，具有相对独立性、自主性和主体性，自然也具有原创性，是中国式现代化的创造，还具有超越于“西方中心论”的优势，展现出不同于“西方中心论”的新图景。

立足中国式现代化建构中国自主的知识体系，有助于破解“古今中西之争”，巩固文化主体性。近代以来，中西方意识形态之争可归为“古今中西之争”，实质是文化主体性之争。在这一问题上，一种观点主张“东方从属于西方”，这是“文化依附论”，实质就是丧失中国的文化主体性；另一种观点强调中国应摆脱“西方学徒”的心态，在文化与意识形态问题上坚持独立性、自主性和主体性。立足中国式现代化及其实践经验和理论形态建构中国自主的知识体系，以及由此而生成的学科体系、学术体系、话语体系，实质上就是打破“现代化 = 西方化”的迷思，破解“西方中心论”，使中国走出“东方从属于西方”的西方现代化框架，以巩固中华民族的文化主体性。

综上所述，在遵循不忘本来、吸收外来、面向未来原则的基础上，我们应立足中国式现代化的实践经验与理论形态，围绕中国式现代化以及由此内生出的人类文明新形态和作为人类文明新形态人文基础的人类命运共同体，来建构中国自主的知识体系，进而发展 21 世纪马克思主义。

第六章　基于中国式现代化发展 21 世纪马克思主义

一定意义上可以说，中国式现代化是新时代中国共产党全部理论和实践的立足点。立足中国式现代化的实践经验与理论形态，围绕中国式现代化、人类文明新形态和构建人类命运共同体，能够建构起中国自主的知识体系，进而发展 21 世纪马克思主义，有效破解“古今中西之争”，以巩固中华民族的文化主体性。

进入 21 世纪后，世界局势波谲云诡，两个大局同步交织，迫切要求马克思主义与时俱进，为解释当今世界和引领当今世界发展提供科学的理论指导。在这一背景下，习近平总书记作出“发展 21 世纪马克思主义”的重大论断。这一重大论断是继续深入推进马克思主义中国化进而推进理论创新提出的标志性论断，是中国理论走向世界和未来的标识性符号，是中国面对 21 世纪时代问题给出的中国注解，也是一个正在生成发展的重大命题。

马克思主义发展始终与现代化发展直接相关。面对21世纪的诸多时代难题，西方现代化出现了解释困境，而中国式现代化在总结世界各国发展经验教训的基础上却展示出强大的生机活力，为人类未来发展展现出光明的前景。发展21世纪马克思主义以中国式现代化为立足点，把道路问题看作马克思主义发展历程中的根本问题，认为中国式现代化不仅是全面建成社会主义现代化强国的必由之路，是实现中华民族伟大复兴的必由之路，也是为人类谋进步、为世界谋大同的必由之路；它还创造了人类文明新形态，为人类实现现代化提供了新的选择，这就为发展21世纪马克思主义奠定了坚实基础，并且巩固了中华民族的文化主体性。质言之，应立足于中国式现代化发展21世纪马克思主义以巩固中华民族的文化主体性。这实质上研究的是21世纪马克思主义的“理论逻辑”。

“发展21世纪马克思主义”这一论断，是习近平总书记在2015年12月全国党校工作会议上提出的。他指出：“希望党校根据时代变化和实践发展，加强理论总结和理论创新，为发展21世纪马克思主义、当代中国马克思主义作出努力。”① 2016年5月，他在哲学社会科学工作座谈会上又指出：“马克思主义中国化取得了重大成果，但还远未结束。我国哲学社会科学的一项重要任务就是继续推进马克思主义中国化、时代化、大众化，继续发展21世纪马克思主义、当代中国马克思主义。”②《中共中央关于党的百年奋斗重大成就和历史经验的决议》（简称《决议》）强调，“习近平新时代中国特色社会主义思想是当代中国马克思主义、二十一世纪马克思主义”③。这些重要论述，从与时俱进推进理论创新的高度强调发

---

① 习近平：《在全国党校工作会议上的讲话》，人民出版社2016年版，第20页。

② 习近平：《在哲学社会科学工作座谈会上的讲话》，人民出版社2016年版，第9-10页。

③《中共中央关于党的百年奋斗重大成就和历史经验的决议》，人民出版社2021年版，第26页。

展 21 世纪马克思主义，体现了中国共产党人的责任担当，也是对习近平新时代中国特色社会主义思想之历史地位和世界地位的政治判定，为从学理上全面准确深入研究 21 世纪马克思主义这一理论界涉及较少的基础性问题，提供了根本遵循。发展 21 世纪马克思主义，其实质是要持续深入推进马克思主义中国化时代化，使“中国理论”走向世界，用习近平新时代中国特色社会主义思想解释世界与观察时代、把握时代、引领时代，使习近平新时代中国特色社会主义思想成为 21 世纪马克思主义核心的理论形态。

第一节　学理视阈：21 世纪马克思主义的基本含义

何谓 21 世纪马克思主义？这里以习近平总书记相关重要论述为文本依据，从五个向度阐释其基本含义，以确定问题域。

一、21 世纪马克思主义具有“原体”规定

它是与马克思主义本质相关的概念，属本源向度，即首先是“马克思主义”，马克思主义基本原则不能丢，丢了，21 世纪马克思主义就不是马克思主义。21 世纪马克思主义以马克思主义为“根”和“本”，归属马克思主义的“基因”，它“牢固坚守”马克思主义根本立场、价值取向、理想信念、基本原理、方法原则，用马克思主义观察和把握事物，使马克思主义展现出强大真理力量。习近平新时代中国特色社会主义思想是 21 世纪马克思主义，首先因为它属于马克思主义。

二、21 世纪马克思主义具有“关系”规定

它是与现代化道路直接相关的概念，属反思超越向度，是在“深刻反思”西方现代化道路与拓展中国式现代化道路、创造人类文明新形态基础上发展起来的。21 世纪马克思主义，既要超越以资本至上为主导逻辑的各种现代性的资本主义话语，更要书写坚持人民至上的中国式现代化道路。马克思主义发展始终与现代化道路的发展直接相关，马克思正是在批判和超越资本主导的现代化道路中构建其学说的。道路探寻，是马克思主义发展的一条主线。[①] 从“走自己的路”到“中国特色社会主义道路”再到“中国式现代化道路”，在理论逻辑上一脉相承，在历史逻辑上与时俱进。中国式现代化道路是从中国特色社会主义道路中走出来的，又在一定意义上发展了中国特色社会主义道路，它把“中国特色”提升为“中国范式”，把“社会主义道路”转换为“现代化道路”。中国式现代化道路能内生出人类文明新形态，因而是一种更为科学和规范的表述，具有大历史观、类型学、典型样本意义，同时也具有传播意义。中国式现代化道路是实现中华民族伟大复兴的正确道路，是立足中国、放眼世界，使 21 世纪马克思主义放射出真理光芒的道路。

三、21 世纪马克思主义具有“过程”规定

它是与时间意识鲜明关联的概念，属时间向度，即承接过去、立足现在、面向未来，致力于把马克思主义提升到 21 世纪时代和实践发展所要求的新境界。21 世纪马克思主义，是“与时俱进”（过程生成）的马克思主义，离开与时俱进，就不是“21 世纪”马克思主义。21 世纪

① 韩庆祥：《论中国道路及其本源意义》，《中国特色社会主义研究》2020 年第 2 期。

马克思主义，可理解为世界社会主义运动中心历史性地转移到当代中国所创立发展的马克思主义，它是与资本主义历史性变化和社会主义运动中心历史性转移紧密相关的概念，也是与习近平新时代中国特色社会主义思想呈现出时代意义、世界意义等相关的概念，它以“世纪”为标识。世界社会主义运动中心历史性地转移到当代中国，“两个大局”交织互动，中国式现代化道路和人类文明新形态，是发展 21 世纪马克思主义的标志性历史事件。习近平总书记指出：发展 21 世纪马克思主义，必须“保持与时俱进的理论品格”[①]，“不断开辟当代中国马克思主义、21 世纪马克思主义新境界！”[②]

从“过程”维度理解 21 世纪马克思主义，须坚持历史发展“连续性和阶段性统一”的方法论。马克思、恩格斯创立的马克思主义，总体上奠定了马克思主义发展的立场、方向、原则和道路，具有本源意义。在 19 世纪创立的马克思主义、在 20 世纪发展了的马克思主义、在 21 世纪进一步发展的马克思主义具有连续性，都是对马克思主义的坚持和发展，将其割裂和依次替代，看作三个马克思主义，是错误的。21 世纪马克思主义也是历史过程概念。这里的“21 世纪”，不是某一精确时间，不宜机械理解为哪一年，是指在历史唯物主义与时代形态（时代主题）意义上所使用的一个历史阶段，反映的是世界社会主义运动中心的转移与时代主题的转换。[③] 21 世纪马克思主义与时俱进，具有历史“阶段性”，是对 19 世纪的马克思主义、20 世纪的马克思主义与时俱进的“发

① 《习近平谈治国理政》第 2 卷，外文出版社 2017 年版，第 65 页。

② 《习近平谈治国理政》第 3 卷，外文出版社 2020 年版，第 76 页。

③ 我国已进入新发展阶段。这一“新发展阶段”，不宜精确地理解为哪一年哪一月，应理解为完成“第一个百年奋斗目标”后进入“第二个百年奋斗目标”的阶段。恩格斯指出：“每一个时代的理论思维……都是一种历史的产物，它在不同的时代具有完全不同的形式，同时具有完全不同的内容。”（《马克思恩格斯文集》第 9 卷，人民出版社 2009 年版，第 436 页）

展”，它把马克思主义提升到21世纪时代和实践发展所要求的新境界，使马克思主义在21世纪具有强大解释力和引领力。在不同时代破解不同时代主题，使马克思主义呈现出不同的时代特点。

世界社会主义和马克思主义历史发展进程中蕴含一条规律，即世界社会主义运动的中心转移到哪里，发展马克思主义的中心就转移到哪里。19世纪，马克思从事理论研究与指导工人运动主要在英国，世界社会主义运动的中心也主要在西欧，尤其是英国，马克思主义也主要产生于西欧，尤其是英国。20世纪，世界社会主义运动的中心转移到俄国和中国，发展马克思主义的中心也随之转移到俄国和中国。列宁领导的俄国十月革命，把科学社会主义由理论变成实践，在世界上建立起第一个社会主义国家，在理论上产生了列宁主义。以毛泽东同志为主要代表的中国共产党人不仅把科学社会主义由理论变成实践，而且使其由西方走向东方。21世纪，世界社会主义运动的中心历史性地转移到当代中国，新时代中国特色社会主义在引领21世纪世界社会主义的运动和发展。由此，21世纪发展马克思主义的中心也会随之转移到当代中国，引领着21世纪世界马克思主义的发展。

四、21世纪马克思主义具有“空间”规定

它是与空间明确相关的概念，属空间向度，是以“胸怀天下”立足中国、放眼世界和直面“两个大局”的马克思主义；舍此，21世纪马克思主义就成为“无源之水”。习近平总书记指出，“发展21世纪马克思主义、当代中国马克思主义，必须立足中国、放眼世界”[①]。展开说有两个要义。一是世界社会主义运动中心转移到当代中国，意味着当代

① 《习近平谈治国理政》第2卷，外文出版社2017年版，第65页。

中国已成为21世纪马克思主义的主要生长点、发展源与大本营，成为发展21世纪马克思主义的主要实践创新地和理论策源地。二是拓展当代中国马克思主义在新时代的世界向度，以天下情怀观察和把握世界。

五、21世纪马克思主义具有“功能”规定

它是与解释和引领世界相关的概念，属话语向度，是为观察时代、把握时代、引领时代、解释21世纪世界并掌握话语权作出贡献的科学理论体系。不然，21世纪马克思主义就不是能够“解释世界”“引领时代”的马克思主义。正如习近平总书记所言：我们必须“用马克思主义观察时代、把握时代、引领时代，继续发展当代中国马克思主义、21世纪马克思主义！”[①]“要善于提炼标识性概念，打造易于为国际社会所理解和接受的新概念、新范畴、新表述”[②]。

以认识世界为前提的解释世界，是改变世界的前提。从哲学本质功能来讲，人类活动在根本上就是认识世界和改变世界，只有认识并解释清楚世界，才能对时代和现实作出科学研判，站在历史正确一边，掌握历史主动，从而引领时代，使实践取得成功。当今世界正经历百年未有之大变局，遇到了一系列新的深层次、全局性、长远性问题，关乎世界走向，迫切需要理论解释。一段时间，在解释世界的问题上，西方自由主义拥有话语权，我国的学术理论却往往失语。改革开放以后，我们向西方学习科学技术、管理经验、资本运作，也学习西方政治理论。有的人较为关注并研究西方的学术著作、学术概念、学术思想、理论范式，这有利于开阔研究视野，提升学术水平，了解西方文化。但同时，有的

① 习近平:《在庆祝中国共产党成立100周年大会上的讲话》，人民出版社2021年版，第13页。

② 《习近平谈治国理政》第2卷，外文出版社2017年版，第346页。

人却依附于西方理论，缺乏“理论自我”，“耕了西方地，荒了中国田”，对当代中国发展的现实逻辑与中国问题缺乏全面深入研究，对21世纪世界的发展逻辑与世界问题给不出合理解释。有的人未经分析地用西方理论范式解释、裁判中国现实，削足适履。因此在学术研究中，缺乏真正具有原创性的思想理论，以至于世界不知道“学术中国”“理论中国”为何物。当今，面对百年变局中的“世界动荡”与不确定的世界，自由主义出现了解释困境。自由主义把追求个人权利和自由最大化作为至高无上的原则，奉行的是个人至上，注重的是个体力量，当个体面对整体，个体力量面对系统力量，追求个人自由面对动荡变革、不确定的世界时，就显得力不从心。

21世纪马克思主义具有相对解释优势，能提供一种解释体系。首先，当代中国是21世纪马克思主义的主要理论策源地，习近平新时代中国特色社会主义思想就是直面世界百年未有之大变局而产生的科学理论体系。其次，21世纪马克思主义能以系统应对系统，以整体应对整体。面对百年变局、动荡变革和不确定的世界，需要全人类共同努力，需要集体力量、人民力量，需要团结合作、携手克难，需要个体服从整体和大局。从哲学上讲，它既需要“我”的个性与主体性，更需要“人类”与“群体”的协同性与主体性。21世纪马克思主义的根基和力量在人民，以人民立场观察和把握世界，强调“人类主体性”和“群体协同性”，注重系统整体，注重依靠人类力量、集体力量与团结合作力量，尤其是人民力量，注重个体服从整体和大局，注重携手共建人类命运共同体。最后，21世纪马克思主义能站在历史正确一边，掌握历史主动，以确定应对不确定。它注重用马克思主义观察时代、把握时代、引领时代，注重运用系统思维、战略思维和辩证思维理解和把握世界历史发展的本质、大势和规律，破解当今世界根本矛盾和人类重大问题，有助于系统正确处理一系列复杂的矛盾关系，应对种种不确定。21 世纪马克思主义，是追求和平发展、合作共赢的科学理论体系，是积极参与全球治理体系改革和建设的科学理论体系，是注重携手共建人类命运共同体的科学理论体系，能为百年变局中动荡变革及不确定的世界提供解释逻辑，从而引领时代、引领世界社会主义运动，进而掌握理论话语权。

总的来说，21 世纪马克思主义就是“牢固坚守”马克思主义根本立场、价值取向、理想信念、基本原理、方法原则的马克思主义;是在“深刻反思”西方现代化道路与拓展中国式现代化道路、创造人类文明新形态基础上发展起来的马克思主义；是世界社会主义运动中心历史性地转移到当代中国，“与时俱进”地把马克思主义提升到 21 世纪时代和实践发展所要求的新境界的马克思主义；是以“胸怀天下”立足中国、放眼世界和直面“两个大局”的马克思主义；是以马克思主义观察时代、把握时代、引领时代的马克思主义。

第二节　实践视阈：发展 21 世纪马克思主义的“中国样本”

“中国样本”，是指当代中国为什么能成为发展 21 世纪马克思主义的主要实践创新地和理论策源地，为发展 21 世纪马克思主义作出哪些贡献，具有何种世界意义。这实质上是讨论 21 世纪马克思主义的实践基础、基本依据、时代主题和研究对象。问题是时代的声音，根本问题是时代主题的体现。由此，就需要厘清 21 世纪马克思主义探究和解答什么根本问题，以及如何探究和解答这些根本问题。

19世纪，马克思、恩格斯创立的马克思主义以资本主义发展相对成熟的英国为典型样本，解答的根本问题是，资本主义为什么必然向社会主义过渡，如何实现人类解放和无产阶级解放，促进每个人自由而全面发展。20世纪，列宁所发展的马克思主义以俄国为典型样本，解答的根本问题是，小农经济占优势的落后俄国如何向社会主义过渡、如何建设社会主义；毛泽东发展的马克思主义所解析的典型样本，是新民主主义革命与社会主义革命和建设的中国，解答的根本问题是农民占多数的落后国家如何建设社会主义的道路。21世纪马克思主义的实践基础及其典型样本，是“两个大局”背景下中国特色社会主义新时代和世界走向，是世界社会主义运动中心转移到当代中国引起的根本变化，解答的根本问题是：如何解释和解决世界社会主义和马克思主义发展进程中出现的重大难题？如何解释和处理“两个大局”背景下社会主义和资本主义、当代中国和世界的关系？如何以中国式现代化道路、人类文明新形态超越资本主义历史局限，展示社会主义现代化的优越性，为解决人类重大问题贡献中国智慧、中国方案、中国力量？这些问题具有前沿性、总体性、战略性，在世界社会主义发展史、马克思主义发展史上具有重要意义，构成21世纪马克思主义的研究对象、基本依据。

一、解决如何超越资本占有劳动并控制社会的逻辑问题

这是人类社会进入资本主义社会以后面临的难题。在《1844年经济学哲学手稿》《共产党宣言》《资本论》等著作中，马克思、恩格斯直面并批判资本主义社会的总问题，即资本占有劳动并控制社会的逻辑，以实现人类解放、无产阶级解放和每个人自由全面发展。马克思主义就

是在破解这一总问题的进程中创立的。列宁以“利用和限制国家资本主义”、毛泽东以“对资本主义工商业的社会主义改造”等，表达了对“资本和劳动关系”所采取的态度。

在马克思主义中国化的历史进程中，当代中国共产党人在实践上创新性地破解了这一问题。这是通过构建社会主义市场经济体制、坚持和发展中国特色社会主义基本经济制度（其意义在于用社会主义规制市场经济发展方向，即用市场经济激活生产要素，解放和发展社会生产力，同时避免贫富悬殊）、贯彻新发展理念、确立以人民为中心的发展思想来实现的。资本是基于资本主义生产关系的特殊权力，它首先是对劳动及其产品的占有权力，进而扩展为对经济、政治、文化、社会的控制权力。由生产关系转化为资本权力再转化为超经济权力，使资本最终成为凌驾于资产阶级社会之上的总体性权力。为解放和发展社会生产力，新时代中国共产党人正确认识和把握资本的增殖性、运动性、竞争性、独立性和自主性特性与逐利的行为规律，发挥资本作为生产要素的积极作用，合理利用和运作资本，注重资本投资对生产要素的聚集和拉动作用，支持和引导资本规范健康发展。资本也具有占有劳动和扩张的本性，易扭曲人的价值观，影响人的全面发展。社会主义不允许这种占有和扩张成为主导，在中国共产党领导下，我国积极控制资本的消极作用，为资本设置“红绿灯”，依法加强对资本的有效监督，防止资本无序和野蛮生长，把资本主要控制在经济领域且有利于发展社会生产力的框架内；树立和贯彻新发展理念，坚持人民至上，强调“党的根基在人民、血脉在人民、力量在人民”[①]，强调“我们必须把人民对美好生活的向往作为我们的奋斗目标”[②]。

---

① 《习近平谈治国理政》，外文出版社 2014 年版，第 367 页。

② 《习近平谈治国理政》第 3 卷，外文出版社 2020 年版，第 311 页。

上述这些构成当代中国共产党人利用和运作资本，同时又把超越资本占有劳动并控制社会的愿景变成现实的内在机理。这在世界社会主义发展史、马克思主义发展史上，总体上解决了马克思主义创始人想解决但未完全解决的一个带有规律性的根本问题，是对 21 世纪马克思主义的发展。

二、解决经济相对落后国家如何全面治理并建成社会主义的问题

马克思、恩格斯早年集中关注西欧资本主义的“现存处境”和“发展趋势”。晚年马克思，以及列宁和毛泽东较为关切的，是落后国家如何向社会主义过渡、如何建设社会主义。

马克思的《人类学笔记》《历史学笔记》等著述，致力于探究俄国和东方其他落后国家的社会发展道路问题。总的见解是：小农经济占优势的落后俄国，“如果”能吸收资本主义社会的积极成果，同时又能克服资本主义社会的弊端，就可能跨越资本主义的“卡夫丁峡谷”，而向社会主义过渡。[①] 马克思之后，在实践上建立社会主义的国家都是经济相对落后的国家，这在整个世界备受关注，也是世界社会主义发展史、马克思主义发展史上具有开创性的伟大历史事件。

在社会主义问题上的逻辑是，马克思强调社会主义“如何取代”资本主义，列宁关注落后俄国“如何过渡”到社会主义，毛泽东探寻社会主义建设采取“何种道路”，邓小平解答“如何建设”社会主义，习近平总书记关切“如何夺取”中国特色社会主义伟大胜利。列宁集中探讨了小农经济占优势的落后俄国向社会主义过渡的道路问题。其核心思想是，“一切民族都将走向社会主义，这是不可避免的，但是一切民

① 《马克思恩格斯文集》第 3 卷，人民出版社 2009 年版，第 587 页。

族的走法却不会完全一样”[①]。当时俄国经济结构是小农经济占优势，社会主义经济十分薄弱。列宁认为，经济文化落后的俄国可以利用国家资本主义改造小农经济，发展社会生产力，从而为向社会主义过渡奠定物质基础，但要把国家资本主义置于苏维埃政权控制之下。毛泽东集中探索的根本问题，是“农民为多数的落后国家采取何种道路实现社会主义”。我国确立社会主义基本制度后，毛泽东便集中精力探索社会主义建设的道路，《论十大关系》是其代表作。1978年，中国开启改革开放和社会主义现代化建设新时期。中国还处在社会主义初级阶段，社会生产力不发达，中国的社会主义还是一个“不够格”的社会主义。[②]如何在社会生产力不发达的基础上全面治理并建成社会主义社会？这对发展21世纪马克思主义来说，既是关乎科学社会主义、世界社会主义与马克思主义发展命运的根本问题，也是马克思主义中国化进程中迫切需要解决的具有战略意义的根本问题。改革开放以来，我们用中国特色社会主义解决如何建设社会主义社会的问题，认识到“道路决定命运”，建设社会主义的道路具有多样性。破解这一问题的总逻辑是：使“不够格”的社会主义成为“够格”的社会主义，首先要解放和发展社会生产力，为建成社会主义社会打下坚实物质基础，为此，就必须开展现代化建设，合理利用在资源配置中起决定性作用的市场，市场经济有助于解决能力贡献与利益分配这一“同一尺度”问题，体现“公平”原则，能带来效率；在中国搞现代化必须是“社会主义”现代化，必须体现以人民为中心的

① 《列宁专题文集·论社会主义》，人民出版社2009年版，第398页。

② 1987年4月26日，邓小平在会见捷克斯洛伐克总理什特劳加尔时说：“搞社会主义，一定要使生产力发达，贫穷不是社会主义。我们坚持社会主义，要建设对资本主义具有优越性的社会主义，首先必须摆脱贫穷。现在虽说我们也在搞社会主义，但事实上不够格。只有到了下世纪中叶，达到了中等发达国家的水平，才能说真的搞了社会主义，才能理直气壮地说社会主义优于资本主义。现在我们正在向这个路上走。”（《邓小平文选》第3卷，人民出版社1993年版，第225页）

发展思想，必须在制度和政策上注重“公正”[①]，因为人在天赋和后天方面不可避免地存在差异，按照特殊能力贡献进行分配会拉大人们之间的收入差距，如果不加以有效调节，就会导致贫富悬殊，不利于实现共同富裕，进而影响社会和谐稳定；为保持经济社会发展充满活力，又保持和谐稳定，政府在政治领域，根据社会主义“公正”“共同富裕”原则，通过制度、法律和政策，对收入差距进行有效调节，这里的公正体现为利益均等和共享发展；在社会主义初级阶段搞社会主义现代化，就要根据中国的历史和文化，自主选择适合中国国情的社会主义现代化道路，中国特色社会主义是实现社会主义现代化的必由之路。

新时代，中国特色社会主义是在与资本主义“竞跑”中展现社会主义制度优越性的社会主义，是能解决经济落后国家全面治理并建成社会主义这一根本问题的社会主义，它沿着这一逻辑继续前行，夺取中国特色社会主义伟大胜利。为此需要解决三个根本问题：（1）运用新发展理念，聚焦解决人民日益增长的美好生活需要和不平衡不充分的发展之间的矛盾，使人民生活美好起来，使国家强起来。从一定意义上说，新发展理念就是直奔社会主要矛盾而去的，绿色发展、共享发展关乎人民美好生活的实现，创新发展、协调发展、开放发展关乎发展不平衡不充分问题的解决，有助于国家强起来。（2）运用我国国家制度和国家治理体系的显著优势继续创造中国奇迹，把制度优势更好地转化为政党治理、国家治理、全球治理效能，从而奋力实现中华民族伟大复兴。国家制度优势和国家治理效能直接影响实现中华民族伟大复兴的进程。（3）以中国式现代化道路和人类文明新形态为人类作出更大贡献。中国式现代化坚持以人民为中心，走和平发展道路，人类文明新形态注重物质文明、

① 一般而言，“公平”相对注重衡量标准的“同一尺度”，类似“一视同仁”，“公正”相对侧重价值和伦理评价及其正当性，包括对公平的价值、伦理评价。

政治文明、精神文明、社会文明、生态文明协调发展，有助于为人类作出更大贡献。只要坚定不移走中国特色社会主义道路，就一定能够“把我国建成富强民主文明和谐美丽的社会主义现代化强国”。

中国特色社会主义是党和人民取得的根本成就，其成功原因在于，党通过完善政党治理与推进国家治理体系和治理能力现代化，逐步实现六个结合，即社会主义制度和市场经济相结合，国家制度优势和国家治理效能相结合，经济社会发展的动力机制和平衡机制相结合，效率和公平相结合，促进改革发展和保持社会稳定相结合，经济快速发展和保持民族独立相结合。这既为解决经济落后国家建成社会主义社会这一全局性、根本性问题提供了宝贵经验和深邃智慧，也破解了许多发展中国家现代化建设面临的“悖论”（要么经济有活力但社会不和谐，要么社会稳定但经济没活力；要么经济加快发展但国家失去独立性，要么国家保持独立性但经济发展缓慢；享受了现代性成果但也付出巨大代价），还使中国特色社会主义发生了由“自我辩护”到“中国主体”再到“影响世界”的历史性转变。[①] 这就以中国方式破解了马克思，以及列宁、毛泽东试图破解但在实践上还未破解的难题。对此，习近平总书记击中要害：“怎样治理社会主义社会这样全新的社会，在以往的世界社会主义中没有解决得很好。马克思、恩格斯没有遇到全面治理一个社会主义国家的实践……列宁在俄国十月革命后不久就过世了，没来得及深入探索这个问题；苏联……没有解决这个问题。我们党在全国执政以后，不断探索这个问题，虽然也发生了严重曲折，但在国家治理体系和治理能力上积累了丰富经

① “自我辩护”，就是改革开放之初，因我国社会生产力不发达，人民生活水平不是很高，我们相对注重为中国特色社会主义辩护，论证其历史必然性和价值合理性；中国共产党人保持战略清醒并具有政治定力，坚定不移走中国特色社会主义道路，确立了道路问题上的“中国主体”性；中国特色社会主义进入新时代，中国特色社会主义道路、理论、制度、文化不断发展，为解决人类重大问题贡献了中国智慧、中国方案、中国力量，这就是“影响世界”。

验、取得了重大成果，改革开放以来的进展尤为显著。”“我们的国家治理体系和治理能力总体上是好的，是适应我国国情和发展要求的。同时，我们也要看到……我们在国家治理体系和治理能力方面还有许多不足，有许多亟待改进的地方。真正实现社会和谐稳定、国家长治久安，还是要靠制度，靠我们在国家治理上的高超能力，靠高素质干部队伍。我们要更好发挥中国特色社会主义制度的优越性，必须从各个领域推进国家治理体系和治理能力现代化。”①

这在世界社会主义发展史上，解决了各民族走向社会主义的道路具有多样性这一重大课题，为世界各国走向社会主义提供了重要经验，也是对 21 世纪马克思主义的发展。

三、解决世界历史进程中发展中国家如何实现现代化的问题

1978 年前后，邓小平最关切的重大问题之一是发展中国家尤其是中国如何追赶世界现代化先进水平，实现社会主义现代化。发展中国家尤其是中国追赶世界现代化先进水平并实现社会主义现代化，具有典型意义。若长时间赶不上世界现代化先进水平，人们就会对社会主义产生怀疑，马克思主义就会遭遇信仰危机。19 世纪，马克思、恩格斯所创立的马克思主义，通过对世界性生产、世界市场、世界交往的历史分析，揭示了由地方和民族的闭关自守状态向世界普遍交往转化的规律，就是由人们的地域性存在向世界历史性存在转变，使地域性的个人为世界历史性的个人所代替，使历史向世界历史转变，进而使各国各民族彼此影响。②其前提，就是生产、市场、资本流动和民族交往的世界化，这与

① 《十八大以来重要文献选编》上，中央文献出版社 2014 年版，第 548 页。

② 《马克思恩格斯文集》第 1 卷，人民出版社 2009 年版，第 538-539 页。

现代化有关。在社会主义革命和建设时期，中国既没有世界性市场，也没有市场经济，还缺乏世界交往。由此中国要解决的一个重大问题就是：中国如何实行改革开放，通过集中力量办大事的制度优势提升国家治理效能，解放和发展社会生产力，实现跨越式发展，赶上世界现代化先进水平，实现社会主义现代化。

马克思、恩格斯、列宁、毛泽东在实践上未遇到这个问题，需要当代中国共产党人来破解。首先是实行改革开放，注重利用要素驱动、投资规模驱动与世界先进技术、世界资本，来解放和发展社会生产力。其次是注重发挥国家制度的显著优势以实现跨越式发展。中国紧紧抓住经济全球化的战略机遇期，充分发挥“调动各方面积极性，集中力量办大事”①的整体优势，不断提升国家治理效能，实现了跨越式发展，使中国作为世界上最大的发展中国家创造了世所罕见的经济快速发展奇迹和社会长期稳定奇迹②，逐步接近世界现代化先进发展水平。最后是中国特色社会主义进入新时代，以习近平同志为核心的党中央拓展中国式现代化道路，把实现社会主义现代化、实现中华民族伟大复兴作为坚持和发展中国特色社会主义的总任务，坚持守正创新，坚持以人民为中心的发展思想，不断解放和发展社会生产力，以实现全体人民共同富裕，促进人的全面发展，贯彻新发展理念，构建新发展格局，统筹推进“五位一体”总体布局、协调推进“四个全面”战略布局，坚持和完善中国特色社会主义制度，不断推进国家治理体系和治理能力现代化③，积极实现由富起来到强起来的伟大飞跃，从而使中国大踏步赶上了时代。这就是在

---

① 《中国共产党第十九届中央委员会第四次全体会议文件汇编》，人民出版社2019年版，第20页。

② 习近平：《在经济社会领域专家座谈会上的讲话》，人民出版社2020年版，第2页。

③ 《中国共产党第十九次全国代表大会文件汇编》，人民出版社2017年版，第17页。

世界现代化发展进程中，我们党解决如何实现跨越式发展、实现社会主义现代化问题的内在逻辑和总体方案，解决了当年马克思主义经典作家未遇到、需要当代中国共产党人破解的一个重大问题，发展了21世纪马克思主义。

四、解决“两制并存”格局中如何以中国式现代化道路和人类文明新形态发挥社会主义制度优越性，为“世界向何处去”开辟新路的问题

实现中华民族伟大复兴是中国的战略全局，当今世界正经历百年未有之大变局，这使世界处于“两个大局”交织互动的动荡变革期，也成为最具鲜明标识的“时代特征”，它意味着中国深度融入并影响世界。这必然使实现中华民族伟大复兴超出中国界限而深刻影响世界历史进程。在“两个大局”交织互动的背景下，中国如何站在历史正确一边，站在人类进步一边，以胸怀天下理解把握资本主义和社会主义的命运，以中国式现代化道路和人类文明新形态超越资本主义历史局限，充分展示社会主义制度优越性，实现中华民族伟大复兴，进而从人类发展大潮流、世界变化大格局、中国发展大历史中正确认识和处理中国同外部世界的关系，为解答“世界向何处去”贡献中国智慧、中国方案、中国力量，就成为最被关切的时代问题。

当今世界正经历百年未有之大变局。其核心内涵，就是世界力量在转移、世界体系在调整、世界话语在重构。[①] 实现中华民族伟大复兴是影响大变局的关键变量，西方资本主义国家陷入某种困境是导致大变局的

---

① 韩庆祥，张艳涛:《论力量转移》,《哲学研究》2016年第1期。

重要原因之一，这使世界发生了有利于社会主义的重大转变。[①] 但这种大变局依然是处在社会主义与资本主义长期并存（“两制并存”）格局中的大变局。如何在“两制并存”“百年变局”中正确处理中国与世界的关系、社会主义与资本主义的关系，有效应对大变局中出现的世界性难题？这迫切需要具有世界意义的理论创新成果来指引，21世纪是迫切需要理论而且一定能够产生理论的世纪。

自2008年国际金融危机之后，世界逐渐陷入困境，集中体现为出现了“全球增长动能不足”“全球经济治理滞后”“全球发展失衡”[②] 等根本性难题。资本主导的制度性缺陷和结构性矛盾，是导致上述困境的一个深层原因。资本的本性是借助“流动”“流通”实现其价值增殖，当市场空间、流通渠道、资源、劳动力成本等红利被严重限制时，资本主义国家就会陷入某种困境。这主要体现在以下几个方面：一是经济困境。在西方某些发达国家，实体经济是推动其工业化、现代化的主要力量。随着后工业社会来临及深化，金融资本开始膨胀，虚拟经济过度扩张，在“虚拟”经济繁荣的背后，泡沫经济却日趋严重，这在一定程度上增加了实体经济的风险，弱化了实体经济的资金和信用基础。二是政治困境。当国际金融危机导致的自由市场体系红利削减，及滥用霸权所导致的政治动荡向西方社会传导时，精英政治和大众政治间的平衡就会被打破，既体现为因政治依附资本和“否决政治”[③] 而使国家、政府的组织力、

① 《中国共产党第十九届中央委员会第六次全体会议文件汇编》，人民出版社2021年版，第93页。本书认为，民族复兴、世界困境、新兴国家、科技革命、全球疫情等，是导致大变局的主要变量。

② 习近平：《共担时代责任，共促全球发展》，《求是》2020年第24期。

③ 否决政治，是福山提出的一个概念。美国民主政治的基础性制度安排，对防范政治腐败、平衡多元利益、增强决策的审慎性发挥着积极作用。同时，这一制度安排也需要付出牺牲效率的代价。近年来，由于美国民主党与共和党在政治立场上发生分化，且总统职位和国会两院往往由不同政党控制，结果使这种政党对立传导到政府机构层面，进而出现了“否决政治”。

动员力、凝聚力、执行力削弱，也体现为因民粹主义兴起而使民众过度“自由”，陷入难以组织动员的境地，弱政府和散民众两大弱点显露出来。三是社会困境。社会福利制度不仅使西方社会背负财政负担，也使许多民众的创业精神不足。四是文化困境。西方文化有三大核心支柱，即自由主义、资本至上、以两极对立世界观为哲学基础的“西方中心论”。自由主义走向极端，就会追求个人自由扩张，进而导致“漠视政府”“淡化集体”，自由主义蕴含“个人利己”的基因。资本至上意味着资本具有主导性，资本具有追逐增殖、自由扩张的本性，资本在增殖和扩张过程中不可避免地具有掠夺性，因而蕴含“扩张掠夺”的基因。“西方中心论”把整个世界分为西方世界和非西方世界，西方世界是主，是世界的中心，为整个世界制定标准，非西方世界是客，要向西方世界靠拢。若非西方世界不向西方标准看齐，西方世界就对其进行围堵打压、战略包围，“西方中心论”蕴含“对立冲突”的基因。“个人利己”“扩张掠夺”“对立冲突”的基因，会导致共同体意识瓦解与合作精神、道义精神、奋斗精神丧失，导致西方“话语营销”和“话语神话”瓦解，也使世界陷入某种困境。

世界向何处去？中国特色社会主义开创之初，着重解决国内解放和发展社会生产力从而使中国人民富起来的问题。随着新时代中国特色社会主义日益发展，它对解决“世界向何处去？”的问题日益具有重要意义。习近平主席顺应世界大势和时代潮流，提出中国式现代化道路、人类文明新形态与构建人类命运共同体这些具有世界意义的中国方案。它的要义是：强调世界既具有统一性又具有多样性、超越西方“一元主导”的世界观；强调人民至上、超越“资本至上”的发展观；强调尊重其他国家根据本国国情自主选择其发展道路的包容发展的道路观，超越“西方中心论”的道路观；强调立足“社会化人类”构建人类命运共同体的世界大同观，超越基于市民社会以邻为壑的个人利益观；强调任何国家在主权、规则、机会上应当平等，体现“主主平等”的哲学思维，超越以“主统治客”为哲学基础的“国强必霸”的国家观；强调和平发展、合作共赢的“互利普惠”的义利观，超越“你输我赢”的义利观；强调“五大文明”[①]协调发展、“文明互学互鉴”的文明观，超越“文明冲突论”的文明观。上述“七观”，是世界维度的中国式现代化道路、人类文明新形态与构建人类命运共同体的哲学观，是以多样性、人民性、平等性、包容性、普惠性为本质特征的全要素文明和全球文明，是“两制并存”的 21 世纪，中国共产党人以中国式现代化道路、人类文明新形态超越资本主义历史局限，为参与全球治理体系改革和建设、推动国际秩序“由变到治”、解答“世界向何处去”所贡献的中国智慧和中国方案，为世界社会主义运动指明了方向。它关乎世界社会主义、马克思主义发展，也在重构世界格局，影响世界历史进程，是对 21 世纪马克思主义的发展。

归根结底，能破解上述根本问题的是中国特色社会主义道路。“道路问题是关系党的事业兴衰成败第一位的问题，道路就是党的生命。”[②]中国特色社会主义是党和人民历经千辛万苦、付出巨大代价取得的根本成就，是实现中华民族伟大复兴的正确道路。只要坚持走这条正确的道路，就一定能够把我国建设成为富强民主文明和谐美丽的社会主义现代化强国。[③]这些重要论述，充分表明中国特色社会主义道路对破解上述根本问题具有关键作用。中国特色社会主义道路有领航、有目标、有方略、有动能，致力于解决主要矛盾和根本问题，是坚持中国共产党领导的道路，是坚持与时俱进、开拓创新的道路，是以人民为中心、不断解放和发展

① “五大文明”，就是物质文明、政治文明、精神文明、社会文明、生态文明。

② 《习近平谈治国理政》，外文出版社 2014 年版，第 21 页。

③ 《中国共产党第十九届中央委员会第六次全体会议文件汇编》，人民出版社 2021 年版，第 98 页。

社会生产力、实现全体人民共同富裕、推进人的全面发展的道路，是以国家制度优势和治理效能解难题、办大事的道路，是物质文明和精神文明协调发展、人与自然和谐共生的道路，是坚持和平发展、合作共赢的道路。这样的道路底厚、基实、路宽、力足、行稳，具有开放、包容、创新、确定、能动、引领等本质特征，不仅使马克思主义以崭新形象展现于世界，而且具有破解世界社会主义发展历程中的重大难题、人类重大问题和世界困境的底气、智慧、方案和能力。这样的道路在世界社会主义发展史、马克思主义发展史上具有重大意义。

第三节　理论视阈：为发展 21 世纪马克思主义作出原创性贡献

“原创性贡献”，指当代中国为什么能成为发展 21 世纪马克思主义的主要理论策源地，在理论上为发展21世纪马克思主义作出了什么贡献，具有何种世界意义，这实质上是讨论习近平新时代中国特色社会主义思想为什么是 21 世纪马克思主义，为什么能成为 21 世纪马克思主义核心的理论形态[①]。

总体讲，以下原因使习近平新时代中国特色社会主义思想成为 21 世纪马克思主义核心的理论形态。第一，中国是世界上最具典型特征的国家。中国是一个具有悠久历史的国家、一个文化文明悠久的国家、一个

① 所谓“核心的理论形态”，指不仅包含毛泽东思想、邓小平理论、“三个代表”重要思想、科学发展观等，也海纳世界其他国家对发展 21 世纪马克思主义作出的重要历史贡献；习近平新时代中国特色社会主义思想在集成中国化马克思主义一切理论成果的基础上，对发展 21 世纪马克思主义作出了核心性贡献，具有主导性。中国化马克思主义是马克思主义中国化历史进程中形成的理论成果。

多民族的国家、一个人口众多的国家、一个具有强大政党的国家、一个胸怀天下的国家。在这样的国家彰显新时代中国特色社会主义的世界意义，就有底气使习近平新时代中国特色社会主义思想成为21世纪马克思主义。第二，21世纪是“两个大局”交织互动的时代。实现中华民族伟大复兴战略全局必然影响着世界百年未有之大变局，世界百年未有之大变局也必会影响实现中华民族伟大复兴战略全局，二者交织互动，便使中国问题具有世界意义，使世界问题具有中国意义。习近平新时代中国特色社会主义思想是直面“两个大局”、主动反映世界和时代发展需要而创立的，是对21世纪世界社会主义运动发展进行深入思考而创立的，既是实现中华民族伟大复兴的行动指南，又为引领世界百年未有之大变局提供智慧和方案。第三，背靠伟大国家、扎根伟大时代的习近平新时代中国特色社会主义思想，是立足中国、放眼世界、面向未来、引领时代的科学理论体系，具有反思现代、立足中国、放眼世界、面向未来、解释世界、引领时代的本质功能。它定义并引领着新时代马克思主义中国化的走向，在21世纪，持续深入推进马克思主义中国化就是发展21世纪马克思主义，它也定义并引领着21世纪马克思主义的发展，所提出的中国式现代化道路、人类文明新形态、构建人类命运共同体，使其成为21世纪马克思主义核心的理论形态，且有底气引领世界社会主义和21世纪马克思主义的发展。

一、从实践看习近平新时代中国特色社会主义思想原创性贡献的根据

历史方位，是理解习近平新时代中国特色社会主义思想原创性贡献的逻辑起点，是第一个根据。不厘清其逻辑起点，就难以真正理解其原

创性贡献。《决议》第四部分阐述了中国特色社会主义新时代这一我国发展新的历史方位，也是习近平新时代中国特色社会主义思想所处的历史方位。简要说，历史方位的核心，就是全面建成社会主义现代化强国，实现中华民族伟大复兴，为人类作出更大贡献。这是实现强起来的新的历史方位，是习近平新时代中国特色社会主义思想的逻辑起点和立论基础。时代背景，是理解习近平新时代中国特色社会主义思想原创性贡献的第二个根据。历史方位是从纵向讲的，时代背景是从横向讲的。时代背景，就是“两个大局”，其交织互动，是最鲜明的时代标识。新时代中国特色社会主义思想是全党全国人民为实现中华民族伟大复兴而奋斗的行动指南。[①] 时代课题，是理解习近平新时代中国特色社会主义思想原创性贡献的第三个根据。《决议》提出的“三大时代课题”，是这一思想需要破解的新的核心论题。习近平总书记就“三大时代课题”提出一系列原创性的治国理政新理念新思想新战略[②]，也为世界社会主义发展提供了中国智慧。社会主要矛盾，蕴含习近平新时代中国特色社会主义思想所解决的根本问题，是理解其原创性贡献的第四个根据。当前我国的社会主要矛盾，是人民日益增长的美好生活需要和不平衡不充分的发展之间的矛盾。这一矛盾说蕴含解决人民生活“美好不美好”和国家“强不强”的问题。全面建成社会主义现代化强国，需破解的根本问题是“大而不强”。当今世界面临的总问题，是世界和平发展、合作共赢诉求与霸权主义、单边主义的矛盾，需要解决的是世界“和平不和平”的问题。解决人民生活“美好不美好”、国家“强不强”、世界“和平不和平”的问题，要求中国共产党自身必须硬，这实质是解决政党“硬不硬”的问题。这

① 《习近平谈治国理政》第 3 卷，外文出版社 2020 年版，第 16 页。

② 《中国共产党第十九届中央委员会第六次全体会议文件汇编》，人民出版社 2021 年版，第 48 页。

样，习近平新时代中国特色社会主义思想主要是解决人民生活“美好不美好”、国家“强不强”、世界“和平不和平”、政党“硬不硬”等根本问题。解决这些根本问题，就成为习近平新时代中国特色社会主义思想创立的动力和源泉。习近平总书记指出：“一种理论的产生，源泉只能是丰富生动的现实生活，动力只能是解决社会矛盾和问题的现实要求。”①

二、从理论阐释习近平新时代中国特色社会主义思想的原创性贡献

《决议》按照“纲举目张”的思路，从“八个明确”“十四个坚持”中，进一步提炼出习近平新时代中国特色社会主义思想的“十个明确”。全面来讲，习近平新时代中国特色社会主义思想的原创性贡献体现在“十个明确”之中。其中有三方面的原创性贡献可作进一步分析。

第一，坚持中国共产党领导。党的十八大以来，习近平总书记在坚持中国共产党领导上的原创性贡献体现为：（1）第一次强调把大党建设成强党。中国共产党是世界上最大的政党。习近平总书记围绕“打铁必须自身硬”，提出大就要有大的样子，力求把大党建设成强党。（2）第一次在“四个伟大”框架中阐述中国共产党领导，将其置于“进行伟大斗争、建设伟大工程、推进伟大事业、实现伟大梦想”②的框架中加以认识，实现党的领导与奋斗目标、精神状态和正确道路有机统一，突出了党在实现伟大梦想中的决定性意义，这在过去未曾提及。（3）第一次把坚持党中央集中统一领导确定为“根本保证”，要求全党增强“四个意识”、坚定“四个自信”、做到“两个维护”。（4）第一次把党的领导地位和作用提到前所未有的认识高度。强调中国共产党领导是中国特色社会主义最

① 《习近平谈治国理政》第 3 卷，外文出版社 2020 年版，第 63 页。
② 《习近平谈治国理政》第 3 卷，外文出版社 2020 年版，第 89 页。

本质的特征，是中国特色社会主义制度的最大优势，是党和国家的根本所在、命脉所在，是全国各族人民的利益所系、命运所系，中国共产党是最高政治领导力量。（5）第一次把坚持党的全面领导和全面从严治党统一起来，强调党对自身建设的领导，突出自我革命。（6）第一次就党的政治建设进行系统阐述。从政治领导、政治能力、政治意识、政治生活、政治文化、政治生态等方面，全方位加强党的政治建设。

第二，坚持和完善社会主义基本经济制度，贯彻新发展理念，构建新发展格局，推动高质量发展。党的十八大以来，习近平总书记站在我国发展新的历史方位，为解决新的社会主要矛盾、全面建成社会主义现代化强国、实现中华民族伟大复兴、集成前人关于发展的理论成果，首次提出新发展理念。强调用新发展理念实现高质量发展，用高质量发展推动供给侧结构性改革，坚持以高质量发展为主题，以供给侧结构性改革为主线，致力于构建新发展格局，建设现代化经济体系，正在进行我国发展全局的一场深刻变革：推动经济发展质量变革、效率变革、动力变革①，使经济迈上更高质量、更有效率、更加公平、更可持续、更为安全的发展之路②。

第三，关于中国特色大国外交。党的十八大以来，习近平总书记对中国特色大国外交作出战略谋划，推进和完善全方位、多层次、立体化的外交布局，推动建设新型国际关系，推动构建人类命运共同体，弘扬和平、发展、公平、正义、民主、自由的全人类共同价值，引领人类进步；首次强调积极参与全球治理体系改革和建设，开创中国外交新局面，在世界大变局中开创新局，我国国际影响力、感召力、塑造力显著提升，

① 《中国共产党第十九届中央委员会第六次全体会议文件汇编》，人民出版社 2021 年版，第 58 页。

② 《中国共产党第十九届中央委员会第六次全体会议文件汇编》，人民出版社 2021 年版，第 61 页。

构建人类命运共同体已成为引领时代潮流和人类前进方向的鲜明旗帜。[①]

三、把握习近平新时代中国特色社会主义思想原创性贡献的历史地位

（一）中国式现代化道路、人类文明新形态蕴含的“民本逻辑”：为发展马克思主义作出原创性贡献

马克思主义发展史就是以“人民中心”逻辑超越“资本主导”逻辑的历史。马克思曾提出人的发展“三形态”理论，即从“人的依赖”到“物的依赖”再到“自由个性”。“人的依赖”，是前资本主义社会人的发展形态，表现为人对血缘共同体及其权力的依赖。“物的依赖”，是资本主义商品经济社会人的发展形态，体现为人对货币、资本的依赖，即物对人的统治。“自由个性”，是社会人的发展形态，体现为社会生产能力成为个人的社会财富基础上的个人全面发展和创造能力的充分发挥。

近代资本主义社会呈现的是“资本现代性”，资本逻辑占主导。马克思、恩格斯的至上追求，就是超越“物的依赖”蕴含的“资本逻辑”，实现“自由个性”所彰显的“人本逻辑”。受当时历史条件限制，他们提出的未来社会理想目标未在实践上真正实现。在马克思、恩格斯以后的马克思主义发展过程中，一些社会主义国家致力于实现这一理想目标并迈出重要一步，但未把人本逻辑真正变成现实。自马克思列宁主义传播到中国以后，以毛泽东同志为主要代表的中国共产党人解决了使中国人民站起来的问题，以邓小平、江泽民、胡锦涛同志为主要代表的中国共产党人开创、捍卫、坚持和发展了中国特色社会主义道路，在解放和

① 《中国共产党第十九届中央委员会第六次全体会议文件汇编》，人民出版社 2021 年版，第 88-90 页。

发展社会生产力的基础上，致力于解决使中国人民富起来的问题。

党的十八大以来，中国特色社会主义进入创造人民美好生活的新时代。这是超越“物的依赖”，不断推进人的全面发展的新时代，是在实践上坚持以人民为中心的新时代。基于民本逻辑，习近平总书记建构起“人民至上”理论：在总体上，致力于解决人民日益增长的美好生活需要和不平衡不充分的发展之间的矛盾，解决人民生活“好不好”的问题，建构“人民至上”理论的总框架。具体而言，把人民当作主体，一切依靠人民，把人民当作目的，一切为了人民，让全体人民共享发展成果，在推进人的全面发展、全体人民共同富裕上迈出实质性一步，把人民当作尺度，坚持人民至上；在经济领域，以“新发展理念”“中国特色反贫困理论”，致力于解决“高质量发展”“精准脱贫”“共同富裕”问题；在政治领域，以“发展全过程人民民主”，致力于解决民主制度建设难题，坚持人民当家作主和人民主体地位，把人民对美好生活的向往作为奋斗目标；在文化领域，以“文化强国”，致力于丰富人民精神世界、增强人民精神力量，推进人民精神生活共同富裕；在社会领域，以“人民至上、生命至上”，致力于保障和改善民生，把让人民过上好日子作为一切工作的出发点和落脚点，不断增进民生福祉，满足人民对美好生活的需要；在生态文明领域，基于人与自然和谐共生提出“两山”理念，把生态看作最普惠的民生福祉，致力于解决污染防治问题；在治国理政上，提出“江山就是人民、人民就是江山”，强调“人民是党执政兴国的最大底气”，“把人民放在心中最高的位置”；在世界维度，以“构建人类命运共同体理念”，致力于为人类谋进步。

（二）强国时代蕴含的“强国逻辑”：为推进马克思主义中国化作出原创性贡献

马克思主义中国化为强国时代理解强国逻辑提供理论指引。恩格斯指出：理论“是一种历史的产物，它在不同的时代具有完全不同的形式，同时具有完全不同的内容”[①]。马克思指出：每个时代总有属于它自己的问题，所谓问题，“就是公开的、无畏的、左右一切个人的时代声音。问题就是时代的口号，是它表现自己精神状态的最实际的呼声”[②]。每个时代只能提出它能解决的问题、确定它能完成的任务。在马克思主义中国化历程中，马克思列宁主义基本原理同中国具体实际的第一次结合，是在新民主主义革命时期，实质上是探寻中国革命道路问题。在社会主义革命和建设时期，毛泽东提出把马克思列宁主义基本原理同中国具体实际进行“第二次结合”。[③]这两次结合之理论创新成果，就是创立并丰富、发展毛泽东思想，解决了中华民族、中国人民“站起来”的问题，实现了马克思主义中国化的第一次历史性飞跃。改革开放和社会主义现代化建设新时期，党面临的主要任务是，继续探索中国建设社会主义的正确道路，解放和发展社会生产力，使人民摆脱贫困、尽快富起来，创立了邓小平理论，形成了“三个代表”重要思想、科学发展观，形成中国特色社会主义理论体系，从总体上解决了中国人民“富起来”的问题，实现了马克思主义中国化新的飞跃。

中国特色社会主义进入新时代，我国站在全面建成社会主义现代化强国、夺取中国特色社会主义伟大胜利新的历史起点上，迎来了从“富起来”到“强起来”伟大飞跃的新时代[④]，其实质就是强国时代。习近平新时代中国特色社会主义思想需破解的一个时代课题，就是全

---

① 《马克思恩格斯文集》第9卷，人民出版社2009年版，第436页。

② 《马克思恩格斯全集》第40卷，人民出版社1982年版，第289-290页。

③ 《中国共产党第十九届中央委员会第六次全体会议文件汇编》，人民出版社2021年版，第32页。

④ 从富起来到强起来，具体来说，就是从有到好、从大到强、从全面建成小康社会到全面建成社会主义现代化强国、从落后时代到跟上时代再到引领时代、从“世界失我”到“世界有我”再到“世界向我”的伟大跨越。

面建成社会主义现代化强国，当今已踏上全面建成社会主义现代化强国新征程。强国时代要揭示和研究大国成为强国的强国逻辑。这一逻辑主要体现为解决关于实现强起来伟大飞跃的四大根本问题，即人民生活"美好不美好"、国家"强不强"、世界"和平不和平"、政党"硬不硬"。作为马克思主义中国化最新理论成果的习近平新时代中国特色社会主义思想，实质上就是强国时代基于强国逻辑的关于"迎来从富起来到强起来的伟大飞跃"的"强国理论"，实现了马克思主义中国化新的飞跃，对推进马克思主义中国化作出了原创性贡献，具有划时代、里程碑意义。①

四、为发展中国特色社会主义理论作出原创性贡献

中国特色社会主义进入新时代，意味着要谱写新时代中国特色社会主义新篇章。②这即是开启中国发展起来后实现强起来的新篇章。要谱写好"新篇章"，就必须汇聚"能量"，在集成发展中国特色社会主义理论体系的基础上实现新的飞跃，创立一种新的理论形态。习近平新时代中国特色社会主义思想，就是在集成发展中国特色社会主义理论体系基础上实现新的飞跃的一种新的理论形态。集成发展体现在以下两个方面：

第一，纵向上继承、深化和创新发展邓小平理论、"三个代表"重要思想、科学发展观。第二，横向上从哲学、政治经济学、科学社会主义方面整合、创新发展中国特色社会主义理论体系。哲学上，运用"战

① 其理由，笔者分别从"历史方位及其解决社会主要矛盾不同""历史使命不同""道路的历史内涵不同""主线不同""现代化阶段不同""中国特色社会主义在人们心中的地位不同""中国在世界中的地位不同"等七个方面，展开了较为详尽的论证和阐释。参见韩庆祥：《中国道路及其本源意义》，中国社会科学出版社2019年版，第37-39页。

② 《习近平谈治国理政》第3卷，外文出版社2020年版，第61页。

略辩证法”[1]，分析“新时代”“大变局”背景下中国特色社会主义实践中一系列具有根本性、全局性、长远性与总体性的战略问题，分析一系列具有战略意义的全球性问题，提出了战略思维、创新思维、辩证思维、系统思维、法治思维和底线思维，为系统解决实现强起来这一战略问题提供了哲学基础，创新发展了中国特色社会主义理论体系。政治经济学上，建构了以人民为中心、以共同富裕为目的的中国特色社会主义政治经济学。把新发展理念作为指导原则，把实施高质量发展作为主题，把推进供给侧结构性改革作为主线，把构建新发展格局作为重要抓手，坚持和完善社会主义基本经济制度，致力于解决我国经济发展方式转变、经济结构调整等重大问题，解决了效率和公平统一问题，以共同富裕超越贫富差距，发展了中国特色社会主义政治经济学。科学社会主义上，以“引领世界社会主义运动”开辟新时代中国特色社会主义新境界，发展了中国特色社会主义理论体系。

中国以什么贡献给世界？《决议》强调：中国特色社会主义新时代是我国不断为人类作出更大贡献的时代。今天可以自信地说：当代中国从实践上为发展21世纪马克思主义贡献了典型的“中国样本”，以习近平新时代中国特色社会主义思想为标识，从理论上为发展21世纪马克思主义作出原创性贡献，成为21世纪马克思主义的理论形态。

---

① 战略辩证法，是指把战略思维和辩证思维有机结合起来，在战略中注重辩证法，在辩证法中注重战略；它跳出局部从全局看局部，跳出眼前从长远看眼前，跳出现象从本质看现象。方法取决于问题的本质。中国特色社会主义进入新时代，所面临的问题既具有战略性，也具有辩证性，具有战略性和辩证性的问题需要运用战略辩证法来分析解决。

第七章　巩固中华民族的文化主体性

马克思主义基本原理同中华优秀传统文化相结合，产生了一个有机统一的“新的文化生命体”。

2023 年 6 月 2 日，习近平总书记在文化传承发展座谈会上提出一个十分重要的具有标识性的核心概念——“新的文化生命体”。习近平总书记指出：“在五千多年中华文明深厚基础上开辟和发展中国特色社会主义，把马克思主义基本原理同中国具体实际、同中华优秀传统文化相结合是必由之路。”① “‘结合’的结果是互相成就……造就了一个有机统一的新的文化生命体……让马克思主义成为中国的，中华优秀传统文化成为现代的，让经由‘结合’而形成的新文化成为中国式现代化的文化形态。”②

“新的文化生命体”，是习近平文化思想中最具标识性、根本性、全

① 习近平：《在文化传承发展座谈会上的讲话》，《求是》2023 年第 17 期。
② 习近平：《在文化传承发展座谈会上的讲话》，《求是》2023 年第 17 期。

局性、战略性和总体性的核心范畴之一，它建立在“第二个结合”基础之上，立足于新时代新征程的中国具体实际，契合了推进马克思主义中国化时代化与理论创新的需要，是中华民族文化主体性得到巩固的标志性成果。

“新的文化生命体”的提出具有重大的价值意蕴。从中国共产党的百年奋斗历程可以看出，马克思主义基本原理同中国具体实际相结合，在不同历史时期具有不同内涵，它有一个不断演进的历史过程。中国特色社会主义进入新时代，追求强国建设、民族复兴，追求和平发展、合作共赢，丰富人民精神世界、增强人民精神力量，内在地要求充分彰显中华优秀传统文化的时代价值和世界意义，也内在地要求拓展出“第二个结合”。把马克思主义基本原理同中华优秀传统文化相结合，旨在从对中华优秀传统文化片面的、肤浅的、僵化的理解中解放出来，从“西方中心论”的思想禁锢中解放出来，促进“根”和“魂”相结合，确立新的文化观和文明观，造就一个有机统一的“新的文化生命体”。“新的文化生命体”的基石，是中国式现代化、建构中国自主的知识体系以及发展 21 世纪马克思主义，这对于我们更好把握新时代新的文化使命并巩固中华民族的文化主体性，具有重要的学理价值和现实意义。

第一节　逻辑起点：新时代中国具体实际把中华优秀传统文化的时代价值彰显出来

在新民主主义革命时期，“中国具体实际”的内涵，从破的角度来讲，是推翻“三座大山”，从立的角度来讲，是为实现民族独立和人民解放确定一条正确的道路。此时期的中国具体实际使“革命话语”占主导，革命话语需要彰显的就是关于阶级斗争和无产阶级革命的学说，这就把马克思主义的历史意义和时代价值彰显出来了。

在社会主义革命和建设时期，“中国具体实际”的内涵发生了变化。一是1953年进行的社会主义改造，主要在经济领域去除资本主义因素，增强社会主义因素；二是1956年正式确立社会主义基本制度后，集中探寻农民人口占多数的落后中国建设社会主义的道路。从这个角度看，这个历史时期无论是革命还是建设，主导话语是“社会主义”，于是，马克思主义关于社会主义和共产主义的学说被着重强调，并充分且鲜明地凸显了中华优秀传统文化的历史意义和时代价值。

在改革开放和社会主义现代化建设新时期，“中国具体实际”之内涵，一是要大力推进社会主义现代化建设；二是要解放和发展社会生产力，使中华民族、中国人民富起来。其中，“社会主义现代化话语”“解放和发展生产力的话语”占主导。这就内在要求彰显马克思、恩格斯著述中关于现代化方面的思想资源和唯物史观关于生产力方面的思想资源，甚至对西方现代化的理论也予以强调。就是说，这一历史时期主要突出的仍是马克思主义。

可以说，这三个历史时期主要将马克思主义的时代价值充分且鲜明地彰显出来，与这三个历史时期中国具体实际的内涵有直接关系。当然，我们不能由此得出结论说，这三个历史时期不注重中华优秀传统文化。

中国特色社会主义进入新时代，“中国具体实际”的内涵发生了很大变化：一是就国内而言，注重推进强国建设、民族复兴；二是就世界而言，积极推动和平发展、合作共赢；三是介于二者之间的丰富人民精神世界、增强人民精神力量。改革开放以来，中国物质文明建设的成果相对丰富，尽管精神文明建设也取得一些重要成果，但是也存在物欲横流、精神懈怠等问题。新时代的中国具体实际，必然要求把中华优秀传统文化及其时代价值和世界意义从“中国具体实际”中相对独立并明确彰显出来。

文化关乎国本、关乎国运。文化兴则国家兴，文化强则民族强。文化力量是最持久的、最基础的、最广泛的、最深层的力量。注重推进强国建设、民族复兴，内在要求充分且鲜明彰显中华优秀传统文化的时代价值。积极推动和平发展、合作共赢，中华优秀传统文化强调协和万邦、兼济天下、世界大同、亲仁善邻，因而具有丰富的相关思想资源，用费孝通的话来讲，它强调各美其美，美人之美，美美与共，这有助于支撑和平发展、合作共赢。丰富人民精神世界、增强人民精神力量，其实质就是要构建新时代中国人内在精神世界的秩序，而中华优秀传统文化中所强调的仁义礼智信、温良恭俭让、修身齐家治国平天下等，可以为重构中国人精神世界的秩序提供大量思想资源。这就回答了为什么我们以前没有明确提出“第二个结合”，而“现在”明确提出了“第二个结合”，也回答了为什么以前比较凸显且现在依然彰显马克思主义的历史意义和时代价值，而对中华优秀传统文化相对关切不够的深层问题。所以，充分且鲜明彰显中华优秀传统文化的时代价值和世界意义，从“第一个结合”中拓展出“第二个结合”，既具有历史必然性，也符合时代发展要求。

第二节　内在逻辑：“新的文化生命体”标识性概念出场的时代逻辑

在文化传承发展座谈会上，习近平总书记提出，“在新的起点上继续推动文化繁荣、建设文化强国、建设中华民族现代文明”[①]。“新的文化

① 习近平：《在文化传承发展座谈会上的讲话》，《求是》2023 年第 17 期。

生命体”，是推动实现这一新的文化使命的重要途径和力量，它的提出是历史和时代发展的必然要求。

一、“新的文化生命体”建立在强国建设、民族复兴的具体实际上

在中华民族漫长的发展历程中，强国建设、民族复兴一直是推动中华民族进步的核心动力，这不仅是我们国家繁荣的基石，而且是中华民族追求进步和发展的坚定信念。近代以来，中国经历了无数的战争和动荡，然而正是这些历史的磨难，激发了中华民族更加坚定地追求强国建设和民族复兴的信念。新中国成立后，我们国家开始走上了一条全新的社会主义道路。我们又进一步坚定不移地推进改革开放和社会主义现代化建设，加强科技创新，增强国家综合实力。通过不懈的努力，我们成功地使中国成为世界第二大经济体，实现了从贫穷落后到繁荣富强的历史性飞跃。中国特色社会主义进入新时代，强国建设是我们的共同梦想，民族复兴是我们肩负的历史使命，今天我们比历史上任何时期都更接近中华民族伟大复兴的目标。“新的文化生命体”不是抽象的概念，而是紧密联系着国家发展和民族命运的现实需求，表达着全面建成社会主义现代化强国、实现中华民族伟大复兴的时代诉求。中国共产党作为中国人民和中华民族的先锋队历来重视文化建设，并将文化建设的意义提高到实现中华民族伟大复兴中国梦的战略高度。自党的十七届六中全会明确提出“社会主义文化强国”的重大课题后，建设社会主义文化强国就成为我们的重要战略目标，被纳入实现中华民族伟大复兴的强国战略体系中，成为我们建成社会主义现代化强国的基本内容。

在当今世界，文化、文化力量作为一个国家的软实力越来越受到人们的关注。“新的文化生命体”作为一种新的文化形态，强调文化的开

放性、包容性和创新性，鼓励我们立足中华优秀传统文化，积极借鉴和吸收人类文明一切有益成果，以实现文化的创新与发展，以此促进经济、政治、教育等各个领域的进步，进而提高国家的综合实力和国际竞争力。作为国家发展战略的重要组成部分，强国建设和民族复兴，需要“新的文化生命体”为其提供坚实的文化根基，以适应新时代的发展要求，为国家的繁荣富强和民族的幸福未来作出贡献。

二、“新的文化生命体”建立在和平发展、合作共赢的具体实际上

强国建设、民族复兴的国际外延，是和平发展、合作共赢。“新的文化生命体”，是建立在和平发展、合作共赢的具体实际之上的人类文明新样态。“新的文化生命体”汲取了中华优秀传统文化丰富的思想资源。其中，“协和万邦”思想体现了中华传统文化中对于和谐共处的重视，倡导“以和为贵”，强调各国之间的和谐共处；“兼济天下”思想体现了中华传统文化中对于社会责任的担当，注重“修身、齐家、治国、平天下”，强调个人对于社会的责任与担当；“世界大同”思想体现了中华传统文化中对于人类命运共同体的追求，中华文明倡导“天下一家”，强调世界各国之间的平等与和谐；“亲仁善邻”思想体现了中华传统文化中对于友好邻邦的重视，主张与周边国家建立友好关系，倡导“以邻为伴”，强调与邻国之间的友好相处。在全球化日益深入的今天，各国之间的联系和依存程度越来越高，和平与发展已经成为时代的主旋律，国际交流与合作变得越来越频繁，各种文化、思想、技术、资本等要素在全球范围内流动，形成了“你中有我、我中有你”的新格局。各国都在致力于经济发展和社会进步，以实现长期的和平与稳定。同时，随着全球化的不断深入，各国之间的文化交流也越来越频繁，各种文化之间的碰撞与

融合已经成为一种新的文化现象，尊重文化差异、弘扬和平发展与合作共赢的理念、加强文化交流与互鉴，成为越来越多国家的共识。“新的文化生命体”所蕴含的协和万邦、兼济天下、世界大同、亲仁善邻等思想资源，为推进和平发展、合作共赢提供了坚实的文化根基与支撑，这种文化根基与支撑不仅是我们共同的价值观，更是我们走向未来的方向指引。

“新的文化生命体”，源于我们对和平发展、合作共赢的渴望和追求。它是一种新的理念，一种新的精神，一种新的文化，它是对人类文明的又一次伟大贡献。“新的文化生命体”将是和平的守护者，它以其独特的力量和智慧，致力于维护世界和平，为全球发展创造一个稳定的环境；“新的文化生命体”将是发展的推动者，推动全球的持续、健康、稳定发展；“新的文化生命体”将是合作的倡导者，促进国际交流与合作，促进全球治理的完善与提升；“新的文化生命体”将是共赢的实践者，通过积极探索和实践共赢的路径，引领我们走向一个更加美好的未来。

三、“新的文化生命体”建立在丰富人民精神世界、增强人民精神力量的具体实际上

在改革开放历史进程中，我们始终强调物质文明和精神文明协调发展，这种发展理念促使我们不仅要关注经济上的物质进步，还要注重人的全面发展、精神生活共同富裕和文化传承发展。在新时代，如何丰富人民的精神世界、增强人民的精神力量，以及促进人民精神生活共同富裕，已成为我们亟待解决的重大问题。文化是人类精神世界的表达，“新的文化生命体”是一种赋予文化生命力的新型文化形态，它以创新、多元、

开放的文化形态，为人民提供了更为广阔的文化视野，激发人民的创造力和创新精神；同时，它以传承历史、引领未来的文化担当，构建起具有中国特色的社会主义文化体系，以此为国家发展赋予更为坚实的文化基础，成为实现中华民族伟大复兴的强大精神动力。

“强国建设、民族复兴”，“丰富人民精神世界、增强人民精神力量”，内在要求彰显中华优秀传统文化的时代价值。因为“强国建设、民族复兴”“丰富人民精神世界、增强人民精神力量”包括文化强国和文化复兴。强调文化强国、文化复兴，就必须坚定文化自信，拥有文化主体性，使中华优秀传统文化通过创造性转化、创新性发展而“强起来”，进而适应中国式现代化与“强国建设、民族复兴”“丰富人民精神世界、增强人民精神力量”的迫切需要。“和平发展、合作共赢”，也内在要求彰显中华优秀传统文化的世界意义，因为它具有丰富的协和万邦、兼济天下、世界大同、亲仁善邻的思想资源，可以为其提供文化支撑和理论论证。中华优秀传统文化指向构建中国人民精神世界的秩序，仁义礼智信、温良恭俭让、修身齐家治国平天下等伦理原则，实现了从个体到天下、从微观到宏观、从中国到世界层面的秩序构建。我们需要借助中华优秀传统文化的思想资源，积极构建我们中国人的精神世界，彰显中华优秀传统文化的时代价值和世界意义。

马克思主义科学理论进入中国，以真理之光激活了中华文明的基因。“激活”的途径，就是把马克思主义基本原理同中国具体实际相结合、同中华优秀传统文化相结合。其中，马克思主义基本原理同中华优秀传统文化相结合是一个双向互动的过程。一方面，马克思主义以其真理性和科学性，为中华优秀传统文化的传承发展提供了新的视角和思路。另一方面，中华优秀传统文化以其深厚的历史底蕴和独特的思想内涵，丰富了马克思主义的理论宝库。我们党用马克思主义激活中华优秀传统文化中富有生命力的优秀因子并赋予新的时代内涵，将中华民族的伟大精神和丰富智慧更深层次地注入马克思主义，有效把马克思主义思想精髓同中华优秀传统文化精华贯通起来，产生了深刻彻底的“化学反应”，塑造了“新的文化生命体”。这一过程不仅推动了中国的革命、建设和改革事业，也打开了中华文明的创新空间，巩固了中华民族的文化主体性。

第三节 核心要素：“新的文化生命体”的丰富内涵

历史与实践证明，人类文明的每一次进步都伴随着文化的历史性发展，而文化的历史传承和创新发展，又为新文明的诞生提供了催生剂。马克思主义基本原理同中华优秀传统文化相结合的根本目的，是推进马克思主义中国化时代化。“新的文化生命体”植根于马克思主义基本原理同中华优秀传统文化相结合的土壤，是一种正在生成的具有生命力的文化形态，具有丰富内涵。

一、“新”是相对于“原有”而言的“新”，“新的文化生命体”是马克思主义基本原理同中华优秀传统文化相结合的产物

“新的文化生命体”并非凭空产生，而是具有中华优秀传统文化的历史厚重感和马克思主义的思想活力，是马克思主义基本原理同中华优秀传统文化相结合的产物。尽管马克思主义基本原理和中华优秀传统文化在历史方位、所解问题、理论来源、根本立场、思想方法、核心内容

和价值导向上并非完全一致，但它们之间却有着高度的契合性。首先，它们都关注社会公正和人民福祉。马克思主义追求的是人类解放与社会公平正义，而中华优秀传统文化则强调“民为邦本，本固邦宁”，强调以民为本、为政以德。其次，它们都重视实践与知行合一。马克思主义强调理论和实践相结合，而中华优秀传统文化则强调“学以致用”“知行合一”。最后，它们都注重人的全面发展与自由。马克思主义追求的是人的自由而全面发展，而中华优秀传统文化则强调“天人合一”“崇尚自然”，追求人与自然的和谐统一。“新的文化生命体”的生成和造就过程，就是在这种“结合”中不断影响、碰撞、塑造的整体性、历史性过程。这种“结合”不是“拼盘”，不是简单的“物理反应”，而是深刻的“化学反应”，马克思主义基本原理和中华优秀传统文化是水乳交融的，这种融合不仅是理论水平上的统一，更是在实践中产生了具体的文化表达方式，为文化创新注入了新的活力。我们既可以从中领悟到马克思主义的真理力量，也可以从中体悟到中华优秀传统文化的精髓要义。

二、“新的文化生命体”是一种文化形态，具有与经济形态、政治形态、社会形态、生态形态相区别的边界性

“新的文化生命体”具有鲜明的独特性，它不仅仅是一种文化表现形式，更是一种文化精神和文化价值的体现。它鼓励不同文化之间的交流和融合，通过探索和创造新的文化形式和表达方式，以适应新时代的实践变化和社会需求。同时，“新的文化生命体”还具有深刻的反思性，它注重对人类文明与文化的反思，通过对历史和现实的思考和分析，探索人类文明的未来发展方向和路径，主张在不同文化体系之间形成一种相互补充且共生的关系，进而创造人类文明新形态。

“新的文化生命体”是一种新兴、独特、具有活力的文化形态，它代表了当代社会中文化发展的新趋势，以及人们对文化传承和创新的探索。它以开放的心态和包容的态度拥抱各种文化形式和表达方式，通过创新的方式将不同的文化元素融合在一起，形成一种全新的文化形态。这种文化形态充满活力和创新性，能够激发人们的创造力和想象力，推动人类文明的发展和进步。在当今全球化时代，“新的文化生命体”不仅为人们提供了更多的文化选择和体验，也为人们提供了更多的思考和反思的机会。通过探索和创造新的文化形式和表达方式，“新的文化生命体”为人类文明的未来发展注入了新的活力和动力。

三、“新的文化生命体”具有“生命”特征，这一生命体在吐故纳新中绽放出正在成长的鲜活生命力和生长活力

“新的文化生命体”既如同一个不断成长的生命之树，扎根于中华优秀传统文化的肥沃土壤，汲取着马克思主义的思想营养，吸收着人类文明一切有益成果，又如刚刚出生的婴儿，展现出勃勃生机和旺盛活力。在其生长过程中，它不断探索和拓展马克思主义基本原理同中华优秀传统文化相结合的逻辑进路和空间，这是其独特性形成的关键所在。对于这一生命体来说，它的成长，不仅仅是对各种合理的文化元素的吸收和融合，更是一种创新和发展。它能够持续不断地为国家、社会注入新的文化动力，推动文化的创新和发展，开辟马克思主义中国化时代化新境界。这种创新和发展，不仅仅体现为它对各种文化元素的合理吸收和融合，更体现为它对文化的整体性、协同性、系统性和开放性的彰显。概言之，“新的文化生命体”是一个充满生机和活力的有机体，它不断吸收着各种优秀的文化资源和文明元素，更新着自己的内容和形式。

“新的文化生命体”具有重大作用。它以深厚的文化底蕴和独特的文化魅力，为世界文化的多样性作出了积极贡献。同时，它以其独特的文化体系及其生命力，向世界展示了中华优秀传统文化的魅力和价值，为世界文化的交流和发展提供了新的思路和方向。在新的时代背景下，“新的文化生命体”将继续推动马克思主义中国化时代化进程，为中国式现代化建设和世界文化的交流发展提供强大的精神动力和文化支撑。“新的文化生命体”，也将不断彰显中华优秀传统文化的时代价值和世界意义，为全人类的文化交流搭建起重要的桥梁。

四、“新的文化生命体”是有机统一的“系统整体”

文化乃至文明的生成是一个漫长而复杂的历史过程，它是多种因素综合作用的结果。“新的文化生命体”不是碎片，不是零散的，而是一个有机统一的系统整体。这一“系统整体”有两层含义：一是具有本体论意义的“体”，二是具有系统论意义的“整体”。这一“体”和“整体”的核心要素及其结构，由两“脉”、两“基”和一“主”构成。

首先是两“脉”，即马克思主义的“魂脉”和中华优秀传统文化的“根脉”。“新的文化生命体”，以马克思主义为“魂”，它为“新的文化生命体”提供了科学的世界观和方法论，指引着其发展方向；以中华优秀传统文化为“根”，它为“新的文化生命体”注入深厚的文化底蕴和历史积淀，提供了丰富的文化资源和思想营养。

其次是两“基”，即以中国式现代化的文化形态和新时代中华文明为“基”，它为“新的文化生命体”提供了鲜活的现实基础、文化支撑和文明根基，推动着“新的文化生命体”的不断创新和发展。马克思主义基本原理同中华优秀传统文化相结合，从而使中华优秀传统文化成为现代的，形成了中国式现代化的文化形态，也使中华文明更替和转型，发展了新时代中华文明。在中国式现代化的文化形态和新时代中华文明中，合理吸收了人类文明的一切优秀成果。

最后是一“主”，即习近平文化思想。习近平文化思想，既是马克思主义基本原理同中华优秀传统文化相结合的理论创新成果，也建立在中国式现代化的文化形态和新时代中华文明的基础之上。一定意义上，习近平文化思想就是中国式现代化的文化形态，是新时代中华文明的集中体现，中国式现代化的文化形态和新时代中华文明是习近平文化思想的“芯片”。

“新的文化生命体”在系统整体中相互融合的过程，既是一个不断探索的过程，也是一个不断积累的过程，还是一个不断创新和发展的过程。在这个过程中，各种要素相互作用、相互影响，形成了丰富多彩的文化景观。

五、“新的文化生命体”是具有“芯”的文化生命体

习近平文化思想的“芯片”，就是“新的文化生命体”，具体来说就是中国式现代化的文化形态和新时代中华文明。

中国式现代化的文化形态，扬弃了中华传统文化的“伦理型文化”，超越了近代西方以资本为主导的“竞争型文化”，坚持的是社会主义人本文化、中国特色社会主义的民本文化。

新时代中华文明，是中华文明的新形态，它使传统转换和发展为现代；是人类文明的新形态，它使民族的成为人类的。第一，它是“主主平等”文明。它以“主主平等”作为哲学根基，即人人都作为主体，人人都能得到自由发展、平等发展、和谐发展、全面发展，这不仅体现了对人类尊严的尊重和推崇，更体现了对个体价值和权利的肯定。这一理

念与近代西方资本文明的“主客二元对立”“客随主便”“主统治客”的哲学理念、哲学根基不同。在西方资本文明中，人类往往将自身视为世界的中心，可以掌控和利用自然，自然则被视为一种外在的存在，一种与人类对立并受人类支配的客体，从而形成了二元对立的思维模式。新时代的中华文明以“主主平等”作为哲学根基，努力构建一种“主主平等”文明以应对全球和平赤字、安全赤字、发展赤字、治理赤字所带来的叠加风险。这种文明形态的构建，不仅体现了中华民族的文明追求，也是对当今世界各种问题的回应和解决之道的探索。第二，它是“全要素”文明。它注重物质文明、政治文明、精神文明、社会文明、生态文明协调发展，区别并超越于西方那种物质主义膨胀的单向度文明。第三，它是“和合普惠”文明。它强调和平发展、合作共赢、包容普惠，区别并超越于西方那种以掠夺、殖民为特征的文明。第四，它是社会主义的人本文明和中国特色社会主义的民本文明，区别并超越于西方的“资本文明”。

第四节　明体达用：“新的文化生命体”具有实践之用和理论之用

我们要坚持明体达用、体用贯通。这里的“体”，主要指“新的文化生命体”（中国式现代化的文化形态、新时代中华文明）与习近平文化思想。这里的“用”，主要包括实践之用和理论之用。

一、“新的文化生命体”的实践之用

一是为强国建设、民族复兴提供了文化支撑。在强国建设、民族复

兴新征程中，推动文化繁荣兴盛始终是强大的支撑力。习近平总书记强调：“没有中华文化繁荣兴盛，就没有中华民族伟大复兴。”① 这一思想深刻揭示了文化在强国建设、民族复兴中的重要地位。“新的文化生命体”以其独特的形态和内涵为强国建设、民族复兴奠定了深厚文化根基。首先，“新的文化生命体”在实现中华民族伟大复兴的历史进程中，增强了我们的历史自信和历史主动。一个民族的复兴，不仅仅是经济的崛起，更是文化的再造和精神的提升。在新时代新征程中，我们能以更加开放和自信的姿态对待中华优秀传统文化，同时积极吸收和借鉴人类文明一切有益成果，形成了具有时代特征和民族特色的新文化体系。这种新文化体系既是对中华优秀传统文化的继承和发展，也是对未来发展的开拓和创新。其次，“新的文化生命体”在夯实国家统一、民族团结的精神根基上发挥了重要作用。文化是一个国家和民族的灵魂，它承载着一个民族的历史、传统和价值观念。在新时代新征程中，我们通过“新的文化生命体”的形式，将中华优秀传统文化与现代文化、本土文化与外来文化有机地结合起来，形成了多元一体的文化格局。这种文化格局不仅为我们提供了强大的精神支撑，也为我们进一步推动民族团结和国家统一奠定了坚实基础。最后，“新的文化生命体”还在提升国家形象和增强国家软实力方面发挥了重要作用。一个国家的强大不仅体现在经济实力、科技实力和军事实力上，更体现在其文化影响力和国际竞争力上。“新的文化生命体”的提出，向世界展现出中国更为自信和独特的国家形象，这种国家形象，不仅为进一步推动中华优秀传统文化的海外传播提供了强大支撑，也为我们在国际舞台上赢得更多的尊重和认可提供了坚实基础。

二是为和平发展、合作共赢提供了文化供给。当前，和平发展、合

① 《十八大以来重要文献选编》中，中央文献出版社 2016 年版，第 121 页。

作共赢已成为世界发展趋势和全球共同呼声。为满足这一时代需求，我们不仅需要在物质层面提供丰富的供给，更需要在文化层面提供有力的供给，这种文化供给正是“新的文化生命体”所致力于提供的。“新的文化生命体”是在马克思主义基本原理同中华优秀传统文化相结合的前提下孕育的，是在中国式现代化的文化形态和新时代中华文明的基础上产生的。这一生命体，既蕴含了中华文明的突出特性，又具有新时代的精神气质，它以和平性为时代发展的基本姿态，崇尚和平、和睦、和谐，对域外文明始终保持开放态度。同时，它不仅致力于发展自己，更在其发展过程中为世界带来新的发展机遇，提供新的发展平台，进而促进人类文明共同繁荣进步。“新的文化生命体”所蕴含的和平性以及合作共赢的精神理念，是当今世界最鲜明的价值取向之一。这种价值取向源于人类对和平、合作、发展的普遍追求，也反映了当今世界的文化发展趋势。通过倡导和平性以及合作共赢的价值理念，“新的文化生命体”为构建和谐世界提供了有力的文化根基，这种文化根基鼓励人们摒弃偏见和敌视，以包容、合作的态度对待不同的文化和民族，从而促进不同文化之间的交流和理解，为新型的、和谐的国际关系建设注入了新的动力和活力。

三是有助于丰富人民精神世界、增强人民精神力量。丰富人民精神世界、增强人民精神力量，是“新的文化生命体”在实践中所展现出的重要作用和价值。作为世界上唯一绵延不断且以国家形态发展至今的伟大文明，中华文明在革故鼎新的过程中造就了属于中华民族特有的伟大精神和丰富智慧，人民通过感受中华文明的深厚底蕴和独特魅力，增强了对中华文明的认同感和自信心。“新的文化生命体”以独特的方式凝聚人心，让人们在其中找到了共鸣和认同，形成了团结奋斗的文化共同体。这种“新的文化生命体”，不仅为人们提供了精神寄托，还激发了大家共同追求美好生活的热情。首先，它激发了人民的创造力和创新精神，鼓励人民在日常生活中更加积极向上、奋发向前。这种积极的文化支持，使得人们在日常生活中更有自信、更有归属感。其次，它促进了人们的团结奋斗。在追求美好生活的过程中，人们不再是被动的接受者，而是主动的参与者，他们共同为实现自己的梦想而努力奋斗。这种“新的文化生命体”对社会发展也具有重要意义，它为人们提供了一种新的生活方式和文化价值观，让人们能够在其中找到自己的归属感和幸福感，成为人们生活中不可或缺的一部分，为人们的生活增添了色彩和活力。

二、“新的文化生命体”的理论之用

一是破解对西方现代化的迷思和解构“西方中心论”。“西方中心论”是伴随近代西方工业化、现代化、全球化与殖民扩张而提出的一个概念，它是由“线性道路”“单数文明”“种族优越”“为我人性”“社会进化”“理性尺度”“普世价值”“开化使命”“美丽神话”“唯一哲学”等核心要素构成的具有意识形态性质和功能的理论体系。它歌颂西方文明，贬损民族文化，奉行个人主义，推崇社会竞争，崇拜“普世价值”，否认革命精神，推崇“娱乐至上”，否认价值追求，倡导“唯一哲学”，表现为“去民族化”“去历史化”“去思想化”“去主流化”等多重面相。“新的文化生命体”强调道路多样、文明互鉴、民族特质、为他人性、国家治理、人民至上、共同价值、人类命运、世界贡献和普惠哲学。它通过承认和尊重不同文化传统和文明的多样存在，以打破西方文化在全球范围内的主导地位，通过鼓励跨文化对话和相互学习超越西方与非西方之间的“主客二元对立”哲学范式，促进不同文化之间的平等对话和相互理解。“新的文化生命体”为我们树立了高度的文化自信，在国际文化交流中，这种自信不仅有助于保持国家、民族的独立性，破解对西方现代化的迷思，解构“西方中心论”，更为世界文化、文明的多元化发展贡献了独特的中国理念、中国智慧和中国方案。

二是破除对中华传统文化的“文化复古主义”和“文化虚无主义”。“文化复古主义”认为中华传统文化可以解决当今中国问题，“文化虚无主义”认为中华传统文化都是糟粕，是实现现代化的阻力和障碍。“新的文化生命体”既从中华传统文化中析离出中华优秀传统文化，强调中华优秀传统文化是“根脉”，又强调要对中华优秀传统文化进行创造性转化和创新性发展，并将其与马克思主义基本原理相结合。因而，它既反对“文化复古主义”，又破除“文化虚无主义”。

三是有助于建构中国式现代化的文化形态，进而建构中国式现代化理论。中国式现代化理论首先注重“中国式”，这种“中国式”源于中华优秀传统文化，进而源于中国式现代化的文化形态；中国式现代化理论其次也注重“现代化”的“文明向度”即“文明成果”，这种“文明向度”即“文明成果”，就是发展新时代中华文明。“新的文化生命体”立足中国式现代化伟大实践，以中国式现代化的文化形态和新时代中华文明为基石，自内而外地建构起了中国式现代化理论的内核；换言之，中国式现代化的文化形态和新时代中华文明既是“新的文化生命体”的“思想芯片”，也是中国式现代化理论的“思想芯片”。党的十八大以来，以习近平同志为核心的党中央把中华文化传承发展与强国建设、民族复兴联结起来，把马克思主义基本原理同中华优秀传统文化相结合，将中华优秀传统文化精华融入中国式现代化伟大实践中，铸就了中国式现代化的文化形态和新时代中华文明。这种文化形态、文明形态将“天下为公”“民为邦本”的人文思想贯彻在“人口规模巨大”的现代化实践中，用“国之称富者，在乎丰民”的治理理念传递对“全体人民共同富裕”的不懈追求，以“主主平等”的哲学思维统筹谋划“物质文明和精神文明相协调”的发展方向，在“天人合一”理念的指引下寻求“人与自然和谐共生”的未来，把实现“亲仁善邻”的社会理想作为“走和平发展道路”的坚定目标。“新的文化生命体”为马克思主义中国化时代化提供了肥沃土壤，为中国式现代化的“中国特色”提供了深厚的思想资源和精神动力（党的二十大报告所讲的中国式现代化的五个本质特征，是基于四大逻辑概括出来的：马克思主义基本原理的理论逻辑、中华优秀传统文化的历史逻辑、新时代中国发展的现实逻辑、区别于西方现代化的世界逻辑），对“何谓现代化？”“现代化何以可能？”“现代化问题如何解决？”等核心问题进行“中国式解答”，为参与全球治理体系改革和建设、推动国际秩序“由变到治”、解答“世界向何处去？”贡献中国智慧和中国方案，为人们深入思考全球治理和社会主义发展道路提供有益的借鉴和启示。

四是有利于破解“古今中西之争”。这是对上述三条理论之用的总结性概括。“古今”是历史时间问题，“中西”是历史空间问题。“新的文化生命体”本身既是“古为今用”的成果，解决了“古今”问题，又是基于不忘本来、吸收外来、面向未来的战略考量，它不是“中体西用”，也不是“西体中用”，而是“明体达用”，解决了“中西”问题。显然，“新的文化生命体”，是在探索中国式现代化道路的进程中，以新的视角、方法来审视和处理古今中西之间的关系的，它整合了“古今”“中西”的合理要素。为破解“古今中西之争”，我们需要在六个方面发力。一是“合”。就是扎根于中华大地，立足于中国式现代化具体实际与实践经验，注重“两个结合”，在实践中把马克思主义基本原理同中国具体实际相结合、同中华优秀传统文化相结合，将中华优秀传统文化与现代化相结合，在“结合”过程中确立中华民族的文化主体性。二是“体”。“两个结合”尤其是“第二个结合”造就一个有机统一的“新的文化生命体”。我们要以“新的文化生命体”为“体”，以马克思主义为“魂”，以中华优秀传统文化为“根”，以中国式现代化的文化形态和新时代中华文明为“基”，以习近平文化思想为“主”，形成具有中国特色的新的文化体系。三是“立”。创新和发展“新的文化生命体”，建构中国式现代化的文化形态，确立习近平文化思想的主体和主导地位。四是“破”。破解对西方现代化的迷思，解构“西方中心论”，破除对中华传统文化的“文化复古主义”和“文化虚无主义”。五是“用”。明体达用。作为一种全新的文化形态，“新的文化生命体”具有实践之用、理论之用，它不仅为我们提供了更广阔的视野，也为我们解决现实问题和推动文化创新提供了更强大的动力支撑。通过深入研究和探讨这种全新的文化形态，进一步坚定我们的文化自信，为推动世界文化的繁荣和发展作出更大贡献。六是“权”。巩固中华民族的文化主体性，中国共产党掌握对文化的领导权、话语权。

第五节　新的文化使命：发展新时代中华文明

“新的文化生命体”，是马克思主义基本原理同中华优秀传统文化相结合的产物，其内核就是中国式现代化的文化形态和新时代中华文明及在此基础之上产生的习近平文化思想。过去我们一直讲的是马克思主义基本原理同中国具体实际相结合。这里，如有的学者所说：马克思主义基本原理是A，中国具体实际是B。“第二个结合”提出以后，我们又从B里进一步相对独立并提出一个C，这个C，就是中华优秀传统文化。

新时代的中国具体实际，把中华优秀传统文化的时代价值和世界意义充分而鲜明地彰显出来了。现在，A 和 C 相结合产生了复杂的化学反应，形成了一个“新的文化生命体”，它反过来又有利于破解中国具体实际中的问题。

中国式现代化有道路形态、理论形态、制度形态、文化形态。中国式现代化传承发展了中华优秀传统文化中的合理因素，也吸收了西方现代化进程中的一些积极成果，吸收了人类文明一切优秀成果，形成了中国式现代化的文化形态，从中可以进一步提升为新时代中华文明。从哲学来讲，主体性、平等性、普惠性，是中国式现代化的文化形态、新时代中华文明最本质的特征。

民族是相对于人类而言的，中国是相对于世界而言的。人类文明有多种形态，新时代中华文明是多种形态中的一种新形态。然而，这种新形态相对其他形态而言，更反映了人类文明和时代发展的大趋势，更能为人类文明发展和解决人类问题，提供具有光明前景的新方向、新路径、新选择。

“西方中心论”在整个世界影响比较大。近代以来，西方众多理论和知识体系都可以纳入“西方中心论”加以定义和解释，都能在那里找到它们的位置。“西方中心论”是一个总体性概念，是一个大框架，西方关于现代化“线性道路”“单数文明”“种族优越”“为我人性”“社会进化”“理性尺度”“普世价值”“开化使命”“美丽神话”“唯一哲学”等，都可以在“西方中心论”中加以定义，都是“西方中心论”的核心要素或标识性范畴。以前一段时间，虽然我们坚持马克思主义的指导思想和指导地位，但“西方中心论”对中国乃至整个世界影响比较大。在这种情况下，一些人对西方现代化、“西方中心论”便产生了迷思。

进入 21 世纪，世界正经历百年未有之大变局。在这一变局中，因

“西方中心论”的哲学根基是“主客对立”，整个世界陷入对立、冲突、暴力和战争之中。“世界怎么了、我们怎么办?”如何寻求世界发展的再生之路?

破解“西方中心论”，巩固中华民族的文化主体性，世界发展的再生之路，就是我们中国所开创并推进和拓展的中国式现代化，是中国式现代化的文化形态和新时代中华文明。中国式现代化与中国式现代化的文化形态、新时代中华文明，就是为解构“西方中心论”而出场的，是解构“西方中心论”的一把利剑。要解构必定得先建构，即建构中国式现代化、中国式现代化的文化形态，发展新时代中华文明。所以，习近平总书记在党的二十大之后，在许多重要场合都讲中国式现代化理论。就中国思想理论和意识形态建设而言，其实质就是要用中国式现代化理论、中国式现代化的文化形态、新时代中华文明解构“西方中心论”的理论体系和话语体系。思想理论和意识形态之争，实质上是“主体性”之争。我们一定要把中国式现代化的道路形态、理论形态、制度形态、文化形态建构起来，积极建构中国式现代化的文化形态，发展新时代中华文明，然后来有效解构“西方中心论”。只有这样，才能巩固中华民族的文化主体性，坚持党对文化的领导权。因此，构建“新的文化生命体”，尤其是发展新时代中华文明，既是破解“古今中西之争”的一把利剑，也是巩固中华民族文化主体性的基石，更是新时代新的文化使命，还为人类文明未来发展构建一种具有光明前景的新形态，因而势在必行。

图书在版编目（CIP）数据

根与魂：中国式现代化与文化主体性 / 韩庆祥著.
北京：中国人民大学出版社，2025. 4. -- ISBN 978-7-300-33402-8

Ⅰ. D61

中国国家版本馆CIP数据核字第2024F8H721号

党的创新理论体系化学理化研究文库
根与魂：中国式现代化与文化主体性
韩庆祥　著
Gen yu Hun: Zhongguoshi Xiandaihua yu Wenhua Zhutixing

出版发行	中国人民大学出版社		
社　　址	北京中关村大街31号	**邮政编码**	100080
电　　话	010-62511242（总编室）		010-62511770（质管部）
	010-82501766（邮购部）		010-62514148（门市部）
	010-62511173（发行公司）		010-62515275（盗版举报）
网　　址	http://www.crup.com.cn		
经　　销	新华书店		
印　　厂	北京联兴盛业印刷股份有限公司		
开　　本	720 mm × 1000 mm　1/16	**版　　次**	2025年4月第1版
印　　张	11.75插页3	**印　　次**	2025年9月第3次印刷
字　　数	142 000	**定　　价**	78.00元
